D1824716

Liebe Schülerin, lieber Schüler,

so macht Französischlernen Spaß:

In deinem «Cahier de vacances» heißen die «Leçons» Sac à dos , was Rucksack auf Deutsch bedeutet. Du steckst dein Cahier in deinen Rucksack rein und machst am Strand, im Gebirge, auf dem Land, während der Ferien, am Nachmittag nach der Schule oder im Schwimmbad eine Sac à dos-Einheit.

Sac à dos 1 entspricht der ersten «Leçon» aus deinem Lehrwerk, Sac à dos 2 der zweiten usw.

Dieses Heft gilt für Découvertes, blaue Ausgabe, und Découvertes Cadet. Es gibt jeweils eine eigene Sac à dos-Einheit für Découvertes und Découvertes Cadet. Zum Beispiel: Sac à dos 1, Découvertes und Sac à dos 1, Découvertes Cadet.

Das Tolle ist, dass du dein eigener Meister bist und alles alleine bearbeiten kannst. Die Lösungen zur Kontrolle deiner Übungen findest du im eingelegten Lösungsheft . Wenn du mit einer Sac à dos-Einheit oder Station fertig bist, überprüfst du, ob alles stimmt.

Nun viel Vergnügen mit deinem Cahier de vacances!

Inhalt

Die Lösungen findest du in dem eingelegten Lösungsheft .

Cahier de vacances

Das Heft für Ferien und Freizeit

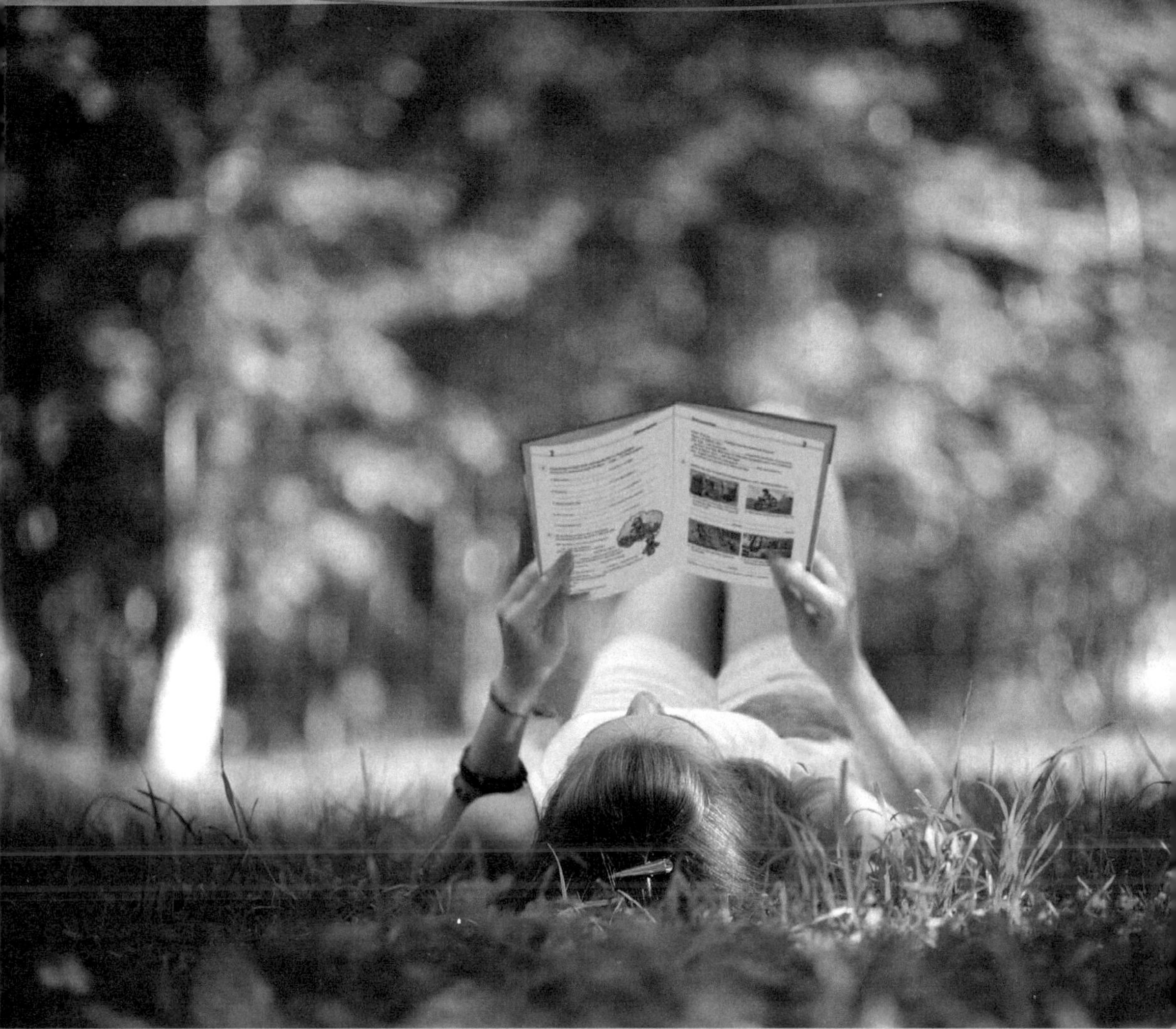

2

Bonjour!

Lösungsheft

zu Découvertes 2 und Découvertes Cadet 2

Sac à dos 1

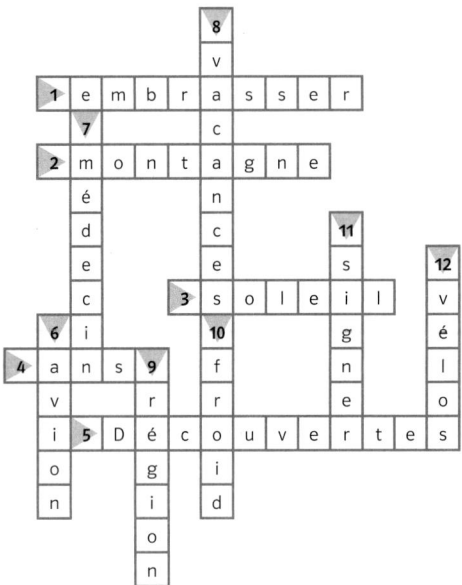

The crossword contains the following filled letters:

- 1 across: **embrasser**
- 2 across: **montagne**
- 3 across: **soleil**
- 4 across: **ans**
- 5 across: **Découvertes**
- 8 down: **v c c a n c e** (vacances)
- 7 / 6 down: **médecine** / **médecin**
- vertical: **région**
- 9 down: **frrid** (frigo / froid)
- 10 down: **forid** (froid)
- 11 down: **signe**
- 12 down: **vélo**

1. vous sortez
2. je/tu mets
3. ils/elles dorment
4. il/elle/on part
5. ils/elles viennent
6. nous voyons

a
1. Léo accompagne sa copine au Parc de la Villette.
2. On a beaucoup de chance avec le temps.
3. Je ne trouve pas d'appartement près de la place de la Bastille.

b
1. Hier, Léo a accompagné sa copine au Parc de la Villette.
2. Hier, on a eu beaucoup de chance avec le temps.
3. Hier, je n'ai pas trouvé d'appartement près de la place de la Bastille.

1. Oui, j'ai déjà visité Toulouse.
2. Non, nous n'avons pas acheté des billets pour le train.
3. Non, il ne pleut plus.
4. Non, je n'ai pas encore appris ma leçon.

Aujourd'hui, à Toulouse, le matin, nous allons avoir du soleil.
A midi, nous allons avoir des nuages, et il va faire chaud: 30 degrés
(il va faire 30 degrés). Le soir, il va pleuvoir/nous allons avoir de la pluie.

a

Marie: Alors? Vous déménagez? Ou vous ne déménagez pas?

Léo: Mes parents **ont eu** envie de déménager.
Et, finalement, ils vont rester dans l'appartement.

Marie: Tu **as fait** quelque chose pour ça?

Léo: Oui!

Marie: Quoi?

Léo: J'**ai téléphoné** à mamie. Et quand elle **a appris**
l'histoire du déménagement, elle **a crié**.
Puis, j'**ai raconté** tout ça à maman.

Marie: Et qu'est-ce qu'elle **a fait**?

Léo: Elle **a discuté** avec papa. Alors, moi,
j'**ai été** de très, très en colère!
Maintenant, ils **ont compris**!

Marie: Est-ce que tu **as vu** le film, hier, à la télé?

Léo: Le film sur les étoiles?

Marie: Oui!

Léo: Non! Hier, j'**ai mis** un DVD. Un film super sympa.
Il s'appelle: «Déménager: quelle horreur!»

b

4. [X] On ne déménage plus!

Sac à dos 1

1. zéro – six – zéro – huit – soixante et onze – soixante-quatorze – soixante-quinze
2. 0 – 8 – 70 – 80 – 93 – 59

– Allô? Bonjour! C'est monsieur Louis, le voisin.
– Bonjour, monsieur.
– J'appelle pour l'annonce. Est-ce que tes parents sont là?
– Non. Ils sont au cinéma.
– Dommage. Ils vendent toujours leur voiture?
– Oui, oui.
– A quelle heure est-ce qu'ils vont rentrer?
– A 8 heures.
– A 8 heures, je suis à la maison. Mon numéro de téléphone,
  c'est le 06 08 71 75 75.
– 06 08 71 75 75?
– Oui. Très bien. C'est ça. Au revoir, Léo.
– Au revoir, monsieur.

Ziffernreihenfolge: 3, 5, 2, 4, 12, 9, 1, 8, 10, 6, 7, 11

a

1. Elle fait de la vidéo avec son collège.
2. Emma raconte des histoires drôles à ses copines.
3. Nous achetons des cadeaux pour l'anniversaire de Léo.

b

1. Elle a fait de la vidéo avec son collège.
2. Emma a raconté des histoires drôles à ses copines.
3. Nous avons acheté des cadeaux pour l'anniversaire de Léo.

1. → b.
2. → c.
3. → a.

La maman: Le téléphone sonne. Tu **réponds**, s'il te plaît?

Léo: Non, maman, je ne **peux** pas **répondre**,
     parce que je suis avec mamie, sur Internet! Mais papa est là:
     qu'est-ce qu'il **fait**?

La maman: Il **vend** la voiture au voisin.

Léo: Ah bon? Vous **vendez** la voiture?
     C'est dommage. Moi, j'aime bien notre voiture!

La maman: Oui, nous **vendons** la voiture,
     parce qu'elle est trop petite pour nous, maintenant.
     Le téléphone sonne toujours. **Réponds**, s'il te plaît, Léo.

Léo: Oui, maman. Allô?

Anne: C'est toi?

Léo: Oui, c'est moi! C'est Anne, maman!

La maman: Oui. Et?

Anne: Est-ce que tu **peux** venir chez moi?

Léo: Non. Tu habites trop loin!

Anne: Tes parents n'ont pas de voiture?

Léo: Non: ils **vendent** leur voiture.

Anne: Alors **prends** le bus!

Léo: **Attends!** Une minute! Je vais demander à maman …

1. Les filles sont allées au cinéma.
2. Nous partons à 8 heures.
3. Elle est restée à la maison.
4. J'arrive pour discuter.
5. Tu es descendue à la cave, Anne?
6. Vous venez pour chanter.

1. – Est-ce que tu **as organisé** une fête?
    – **Oui, j'ai organisé une fête**.
2. – Manon, tu **as reçu** des paquets?
    – **Oui, j'ai reçu des paquets.**
3. – Malika et Emma, vous **êtes allées** au cinéma?
    – **Oui, nous sommes allées au cinéma.**
4. – Est-ce que vous **avez dû** partir à deux heures?
    – **Oui, nous avons dû partir à deux heures.**
5. – Victor et Malika, vous **êtes restés** à Paris?
    – **Oui, nous sommes restés à Paris.**

Léo: Les filles! J'ai faim. Est-ce que vous pouvez **me** faire des sandwichs?
Anne et Marie: Nous aussi, nous avons faim.
    Alors, s'il te plaît, tu **nous** fais des sandwichs.
Anne: Tu **nous** appelles quand c'est fait. D'accord?
Léo: Euh … Combien de sandwichs est-ce que vous voulez?
Anne: Moi, j'ai très faim: tu **me** fais quatre sandwichs.
Léo: Quatre?
Marie: Moi, j'ai très, très faim: tu **me** prépares … cinq sandwichs.
Léo: Cinq sandwichs? Je dois **vous** faire neuf sandwichs? Neuf! C'est ça?
Anne et Marie: Ben oui! Il y a un problème?
Léo: Euh … Non.
Marie: Super!
Anne: Puis, je **t'**explique l'exercice d'allemand. D'accord?
Marie: Au travail, Léo!
Léo: Euh … Je ne peux pas **vous** préparer les sandwichs: il y a un match de foot
    à la télé. Mais vous, les filles, vous ne regardez pas la télé, maintenant?
Anne et Marie: Euh … Non. Pourquoi?
Léo: Super! Comme ça, vous pouvez **me** faire cinq sandwichs,
    parce que j'ai très, très faim. Merci, les filles.

4
1. trois cent trente minutes
2. quatre-vingts minutes
3. deux cents minutes
4. six cent vingt minutes

5
Le matin, Marie **a téléphoné** à Léo de Toulouse.

Marie: Ça y est: je **suis partie**! Nous **avons quitté** Paris.

Nous **avons déménagé** à Toulouse. Je suis triste.

Léo: Toulouse, en train, ce n'est pas loin …

Marie: J'**ai perdu** mes amis.

Léo: Mais non. Les amis restent les amis.

Qu'est-ce que tu **as déjà fait** à Toulouse?

Marie: Nous **avons visité** la ville. Nous **sommes allés** avec les parents au cinéma.

Moi, j'**ai beaucoup mangé** et j'**ai dormi** … pour oublier.

Léo: Moi, je **n'ai pas oublié** ma copine. Je t'**ai envoyé** un paquet.

Est-ce que tu **as reçu** mon paquet?

Marie: Tu m'**as envoyé** un paquet? C'est super sympa!

Il **n'est pas encore arrivé**. Qu'est-ce qu'il y a dans le paquet? … Léo? … Quoi?

Qu'est-ce que tu **as dit**? Je **n'ai pas entendu**.

Léo: Je **n'ai rien dit**. Je dois te laisser. C'est l'heure des devoirs.

Marie: Bon … Alors, j'attends le paquet. Merci, hein. Salut.

1.	2.	3.	4.	5.	6.	7.	8.
T	O	U	L	O	U	S	E

1. **t**emps
2. avi**o**n
3. **u**n/**u**ne
4. **l**oin
5. **o**nze
6. cha**u**de
7. **s**oleil
8. capital**e**

1. **b.**   2. **d.**   3. **a.**   4. **c.**

a
1. ils/elles mettent
2. nous voyons
3. tu déménages
4. je/tu réponds
5. je/tu mets
6. ils/elles adorent

b
1. ils/elles ont mis
2. nous avons vu
3. tu as déménagé
4. j'ai répondu/tu as répondu
5. j'ai mis/tu as mis
6. ils/elles ont adoré

Aujourd'hui, à Toulouse, il y a **du soleil**.
Il fait chaud, **30 degrés**.
Marie prend **ses rollers**.
Demain, nous **allons avoir de la pluie:** prenez vos **parapluies**.

Le matin, Marie **a téléphoné** à Léo.

Léo: Est-ce que tu **as vu** la montagne, de ton chalet, Marie?

Marie: Il y **a eu** des nuages, mais j'**ai vu** la montagne: j'**ai adoré**.

Léo: Est-ce qu'il fait beau maintenant?

Marie: Non. Il pleut. Pas super, super! Hier, il **a fait** froid.
Alors, j'**ai mis** des vêtements chauds.

Léo: A Paris, il **a fait** chaud, alors on **a été** au parc, avec des copains.
On **a rigolé**, on **a pris** des photos, on **a joué** …

Marie: J'**ai envoyé** une photo du chalet à Anne. Elle **n'a pas encore répondu**.

Léo: Hier, elle **a été** chez ses grands-parents … C'est peut-être pour ça …

Marie: Je **n'ai pas entendu**. Qu'est-ce que tu **as dit**?

Léo: Je ne t'entends plus non plus.

Marie: Zut! Je n'ai plus de réseau.

Le soir, Marie **a téléphoné** encore une fois à Léo.

Marie: Papa **a mis** son nouvel anorak.

Léo: Et?

Marie: Son anorak est très petit. Alors on **a beaucoup rigolé**.

Léo: D'accord!

Marie: Est-ce que tu **as pris** ton billet de train pour la montagne?

Léo: Non. Je **n'ai pas encore demandé** à mes parents.

Marie: Viens! Dans le chalet, il y a cinq chambres. On va …

Léo: Je ne t'entends plus!

Marie: Zut! Je n'ai plus de batterie …

 1. **b.**   2. **c.**   3. **d.**   4. **a.**   5. **e.**

Sac à dos 3

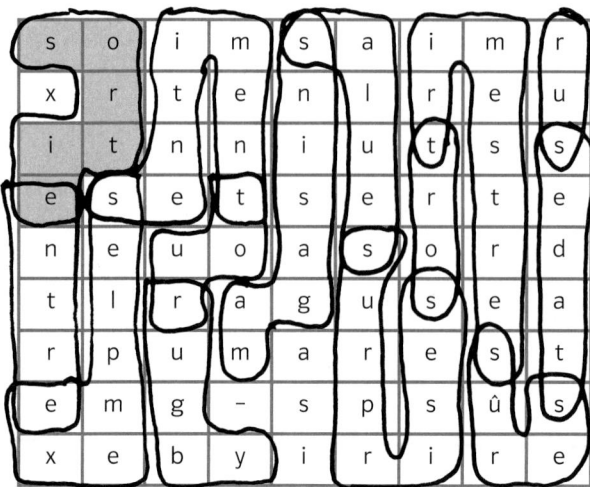

1. sortie
2. entre
3. exemples
4. sentiment
5. tour
6. rugby
7. magasins
8. (tu) salues
9. surprises
10. (il) sort
11. trimestres
12. sûres
13. stades
14. sur

1. C'est un vieil ordinateur.
2. C'est une nouvelle voiture.
3. Ce sont des beaux gâteaux.
4. Ce sont des vieilles dames.
5. C'est un bel Italien.
6. Ce sont des nouveaux CD.

La maman: Comment tu trouves la ville?

Marie: Je **la** trouve belle.

Julien: Moi, je ne **la** trouve pas belle.

Marie: Toi, le petit frère, on ne t'ai rien demandé.

Julien (en colère): Alors, tu me rends mes BD.

Marie: Mais je veux encore **les** lire.

Julien: Je **les** veux!

Marie: Et toi, je veux mon livre sur les chiens!

Julien: Mais je ne **l'**ai pas encore lu!

Marie: Bon, Julien, mon livre sur les chiens, … tu peux **le** lire.

Julien: Et moi, mes BD, … je te **les** donne!

Dis, maman, le chien, quand est-ce qu'on **l'**achète?

La maman: Euh …

1. Léo rêve **des** gâteaux que fait la maman de Marie.
   De quoi est-ce que Léo rêve?
2. Marie et Malika jouent **au** foot.
   A quoi est-ce que Marie et Malika jouent?
3. Les parents de Marie pensent **à** leur déménagement.
   A quoi est-ce que les parents de Marie pensent?
4. Marie et Léo discutent **de** la ville rose.
   De quoi est-ce que Marie et Léo discutent?

5. Les parents parlent toujours **des** notes de leurs enfants.
   De quoi est-ce que les parents parlent toujours?

6. Léo dort **avec** son chien.
   Avec qui est-ce que Léo dort?

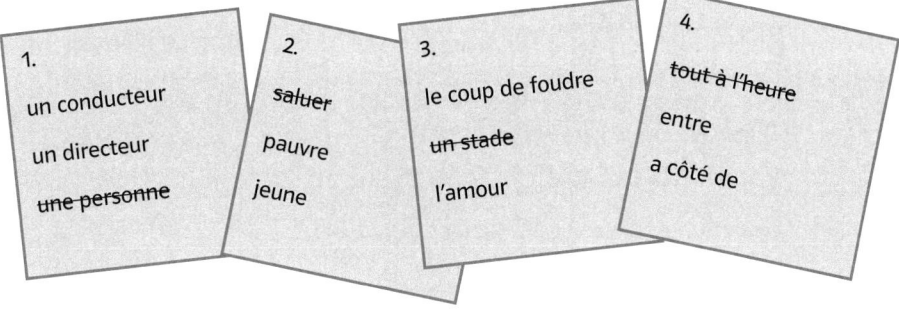

1.
un conducteur
un directeur
~~une personne~~

2.
~~saluer~~
pauvre
jeune

3.
le coup de foudre
~~un stade~~
l'amour

4.
~~tout à l'heure~~
entre
a côté de

a

Léo: Tu es contente à Toulouse? La ville te **plaît**?

Marie: Je ne la **connais** pas encore très bien, la ville.
Je ne **vis** là que depuis deux semaines!

Léo: Tu **as vécu** douze ans à Paris mais seulement deux semaines
à Toulouse, c'est ça?

Marie: Oui. C'est ça! La vie à Paris, la vie dans mon quartier, le collège,
les copains, tout ça, ça **m'a beaucoup plu**. Ici, je ne peux encore rien dire …

Léo: Et tes parents?

Marie: Ils **connaissent** déjà beaucoup de monde. Et maman a retrouvé
une amie. Elle **a connu** cette amie, dans son travail, à Paris.

Léo: La chance! Et ton petit frère?

Marie: Il n'aime pas cette ville parce qu'il n'a pas de copains. Tout ça ne **plaît** pas
à mon frère. Il est souvent en colère.

Léo: L'âge bête!

Marie: Mes grands-parents ont déménagé: ils **vivent** maintenant au bord
de la mer. Ils **sont venus** à Toulouse pour mon anniversaire.

Léo: Ta mère a fait le gâteau que je **connais** … et que j'adore?!!!

Marie: Oui!

Léo: Je prends le train, et j'arrive!

Marie: Tu rigoles!

b

1. Léo a déménagé à Toulouse.	faux
2. Marie a un frère.	vrai
3. Marie a vécu douze ans et deux semaines à Paris.	faux
4. Les grands-parents de Marie vivent à la montagne.	faux
5. Léo prend le train pour Toulouse.	faux

Sac à dos 3

Découvertes Cadet

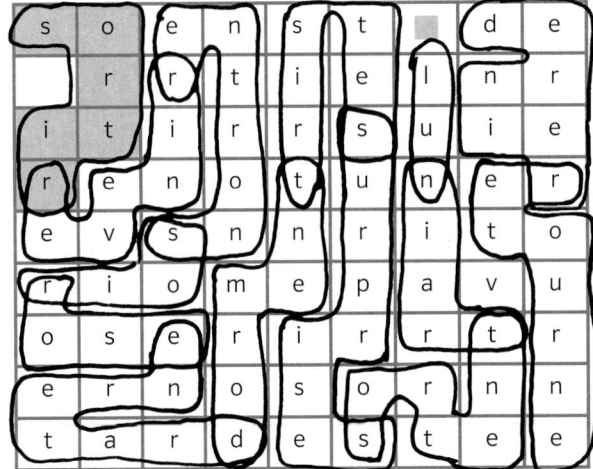

1. sortir
2. revenir
3. nous rentrons
4. le soir
5. rose
6. en retard
7. ils/elles dorment
8. tristes
9. surprises
10. ils/elles sortent
11. un train
12. qc est nul
13. dernier
14. il retourne

1. → f. Je ne comprends rien! Est-ce que tu peux **m'**aider, maman?
2. → a. Je **te** téléphone, parce que j'ai oublié mon livre chez toi.
3. → d. Papa et maman **nous** accompagnent à la gare.
4. → c. Les enfants, vous êtes trop loin: je ne **vous** entends pas!
5. → b. Monsieur, est-ce que mon histoire **vous** intéresse?
6. → e. Dans deux jours, je suis à la maison. Je **vous** aime!

1. Hier, nous avons reçu des amis de Berlin.
2. Le week-end dernier, nous avons dû déménager.
3. La semaine dernière, nous avons cherché nos enfants à la gare.
4. Aujourd'hui, c'est ton anniversaire.
5. Est-ce que tu as déjà reçu des cadeaux?
6. Les élèves doivent dire «bonjour» et «au revoir» à leurs professeurs.

1. ils/elles sortent
2. il/elle/on vient
3. nous venons
4. je/tu pars
5. vous sortez
6. ils/elles partent
7. ils/elles viennent
8. nous partons

Anne: Samedi, maman et moi, nous **sommes** sorties.

Léo: Qu'est-ce que vous **avez** fait?

Anne: Nous **sommes** allées au cinéma.

Léo: Qu'est-ce que vous **avez** vu?

Anne: «Papa **est** revenu à la maison» …

Léo: C'est un film, ça?

Anne: Oui! Bof!

Léo: Ah … Moi, je ne **suis** pas sorti. Je **suis** resté à la maison.
J'**ai** regardé un film à la télé: «J'**ai** été content de te voir!» …

Anne: C'est bien?

Léo: Bof!

Anne: Dimanche, papi et mamie **sont** venus à la maison. Papa **est** descendu
à la cave: il **a** cherché une bonne bouteille. Et maman **a** fait un super gâteau.

Léo: Vous **avez** tout mangé?

Anne: Oui.

Léo: Dommage. Bon. A demain.

Anne: A demain.

1.

d	e	m	a	n	d	e	n	t

2.

a	r	a	i	g	n	é	e	s

3.

n	o	u	i	l	l	e	s

4.

g	é	o	g	r	a	p	h	i	e

5.

e	x	p	o	s	é

6.

r	é	u	s	s	i	r

7.

e	-	m	a	i	l

8.

u	n

9.

s	a	l	l	e

10.

e	n

Lösungswort: dangereuse

Rire und **venir** haben keine Stammerweiterung und passen deshalb nicht zu den Verben mit Stammerweiterung (-iss-).

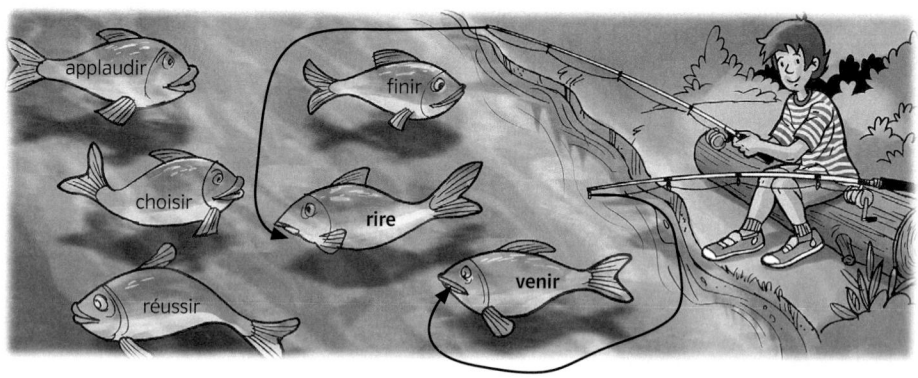

applaudir
finir
choisir
rire
venir
réussir

Olivier: Salut, Anne! Qu'est-ce que tu fais? On va au cinéma, oui ou non?

Anne: Attends. Je téléphone à mes parents. Je **leur** demande la permission.

Olivier: Moi, mon père, je **lui** ai déjà demandé la permission.

Anne téléphone a sa mère.

Anne: Maman? C'est moi!

La maman: Oui, ma chérie. Qu'est-ce que tu veux **me** dire?

Anne: Est-ce que je peux aller au cinéma avec Olivier?

La maman: Qu'est-ce que vous voulez voir?

Anne: «Mon collège est super»! Les copains de la classe l'ont vu: le film **leur** a beaucoup plu. Alors, maman? Dis oui, s'il te plaît …

La maman: Et tes devoirs, quand est-ce que tu **les** fais?

Anne: Mon devoir de maths, je vais **le** faire après le cinéma.

La maman: Bon, Anne. Je **te** donne la permission.

Anne: Merci, maman. Après le cinéma et mon devoir de maths,
   je voudrais **vous** montrer, à toi et à papa, le film sur l'école.

La maman: Je n'ai pas entendu! Qu'est-ce-ce que tu veux **nous** montrer?

Anne: Le film qu'on a tourné sur la vie au collège.
   J'ai oublié: les copains du film doivent **me** téléphoner. Est-ce que tu peux
   leur dire, s'il te plaît, que je suis au cinéma?

La maman: Oui.

Olivier: Bon! La permission, tu **l'**as, oui ou non? Le film commence dans dix minutes.
   Et j'ai envie de **le** voir, moi, le «super collège»!

1. → d.
2. → c.
3. → b.
4. → a.

1. Nous réfléchissons beaucoup. Nous réussissons à trouver des solutions
   à nos problèmes.
2. J'ai souvent choisi des projets qui ne m'ont pas plu. J'ai réfléchi, avec ton aide,
   à d'autres projets.
3. Avec mes copains, nous avons beaucoup ri en classe. La prof, elle, n'a jamais ri.

1. Anne commence **à** rire.
2. Léo a peur **de** chanter.
3. Je vais **(ohne Präposition)** vendre mon vélo.
4. Le prof sait **(ohne Präposition)** jouer au rugby.
5. Mon père a réussi **à** trouver un travail.
6. Tu aimes **(ohne Präposition)** lire un livre?
7. J'ai envie **de** sortir.

1.	**r**	e	f	a	i	r	e	
2.	**e**	n	s	u	i	t	e	
3.	**n**	o	u	v	e	l		
4.	**c**	o	n	n	a	î	t	r	e
5.	**o**	ù						
6.	**n**	o	r	m	a	l		
7.	**t**	o	u	r				
8.	**r**	u	g	b	y			
9.	**e**	x	e	m	p	l	e	

Lösungswort: (une) rencontre

1. → a.	4. → c.
2. → d.	5. → b.
3. → f.	6. → e.

Benjamin: Maman, ici, dans ce collège, je n'ai pas d'amis.
La maman: Patience!
Benjamin: Les élèves de ma classe, je ne **les** aime pas.
La maman: Patience!
Benjamin: Ma sœur, elle a déjà Marine. Elle **l'**aime bien.
   Normal, c'est sa copine, maintenant. Tu **la** connais?
La maman: Non. Elle n'est jamais venue à la maison.
Benjamin: Elle a aussi un frère. Ma sœur **le** connaît bien …
La maman: Qu'est-ce que tu veux dire?
Benjamin: Je suis comme ma sœur: Marine et son frère,
   je **les** trouve sympa. Mais ce sont les amis de ma sœur.
La maman: Tu **l'**as vu, toi, le frère de Marine?
Benjamin: Oui. Je **le** trouve sympa. Marine, aussi,
   je **la** trouve sympa. Maman …
La maman: Quoi, mon petit Benjamin?
Benjamin: Je n'ai pas d'amis …
La maman: Patience!
Benjamin: Alors, j'ai une idée …
La maman: Pour avoir des amis?
Benjamin: Oui. On prend les trois petits chats des voisins. Je **les** adore déjà …

1. **Quelles** photos est-ce que tu regardes?
   Je regarde les photos de mes vacances.
   beau **Ces photos sont belles.**

2. **Quelle** copine est-ce que tu aimes beaucoup?
   J'aime beaucoup Marine, ma nouvelle copine.
   drôle **Cette copine est drôle.**

3. **Quel** film est-ce que vous regardez?
   Nous regardons le film «Mon collège est super».
   nouveau **Ce film est nouveau.**

4. **Quels** professeurs est-ce que tu trouves bien?
   Je trouve bien mes nouveaux professeurs.
   intéressant **Ces professeurs sont intéressants.**

1. Le film m'a plu.
2. Nos amis ont vécu à Paris.
3. Vous avez connu Toulouse.
4. J'ai connu la région.
5. Tu n'as pas vécu ici.

1. Léo mange du fromage.
2. Léo mange un gâteau / des gâteaux avec de la crème chantilly.
3. Léo fait un gâteau avec de l'eau, de la farine et des œufs.
4. Léo mange de la baguette / du pain avec du chocolat.
5. Léo mange des nouilles.
6. Léo mange des pommes de terre.

1. → b.
2. → c.
3. → d.
4. → a.

Anne: Bonjour, madame. Je voudrais des tomates, s'il vous plaît.
La marchande: Oui. Tu **en** veux combien?
Anne: J'**en** voudrais deux kilos. Maman **en** veut des très grosses.
La marchande: Bien. Et avec ça?
Anne: Il me faut des pommes de terre. Maman **en** veut un kilo.
   Et moi, je voudrais la belle orange, là!
La marchande: Je t'**en** fais cadeau.
Anne: Oh! Merci, madame.
La marchande: Ça fait 7 euros et 20 centimes.
Anne: Oh! Zut! J'ai oublié l'argent à la maison. Je vais **le** chercher et je reviens.

1. Est-ce que tu as acheté quelque chose au marché?
   → **Non, je n'ai rien acheté.**
2. Est-ce que Léo cherche quelqu'un?
   → **Non, il ne cherche personne.**
3. Est-ce que tes enfants te racontent tout?
   → **Non, mes enfants/ils ne me racontent rien.**
4. Est-ce que vous avez vu le voleur?
   → **Non, nous n'avons vu personne.**

Menu

Les entrées

Salade de tomates

~~Gâteau au chocolat~~

Salade «maison»

~~100 grammes de beurre~~

Salade de pommes de terre
_____

Les plats

Canard à l'orange

~~Herbes de Provence~~

~~Salade de pommes de terre~~

~~2 kilos de frites~~

Gratin de nouilles

Tarte aux légumes

Cassoulet «maison»
_____

Les desserts

~~Cassoulet «maison»~~

Salade de fruits

Tarte aux pommes

Glace

Gâteau au chocolat
_____

1. Anne achète un kilo de **bananes** et un kilo d'**oranges**.
2. Mes parents **ajoutent** toujours trop de **sel** dans leurs plats.
3. On achète les baguettes dans une **boulangerie**.

1. Je n'aime pas manger en classe!   (grün)
2. Mes parents ont réussi **à** trouver une maison à Toulouse.   (rot)
3. Mon frère vient **de** comprendre le texte!   (blau)
4. J'ai choisi **de** devenir prof.   (blau)
5. Moi, je sais faire la cuisine.   (grün)
6. Tu es en train **de** chanter ma chanson.   (blau)
7. Mes parents ont envie **de** partir en vacances.   (blau)
8. Nous avons répondu **à** Grégory.   (rot)

a

Léo: Salut, Marie! Ça va?

Marie: Ça va! Je viens de **finir** ma vidéo pour l'émission de télé «Stars».

Léo: Tu **as choisi** quelle chanson?

Marie: La chanson s'appelle: «A deux, on **réussit** sa vie!»

Léo: Ha! Ha! Ha!

Marie: Pourquoi est-ce que tu **ris**?

Léo: Elle est de qui, cette chanson?

Marie: D'Olivier et d'Anne. J'ai chanté cette chanson au cours de musique.
Le prof et les copains m'**ont applaudie**.

Léo: Bravo, Marie! Quand est-ce que toi et tes parents allez venir à Paris?

Marie: Mes parents **réfléchissent** à une date.

Léo: **Choisissez** bien, parce que, moi, la semaine prochaine, je suis en vacances.
On va chez mes grands-parents.

Marie: C'est vrai: à Toulouse, on est en vacances deux semaines
après Paris. Mes parents ont oublié: je vais leur dire.

Léo: Super!

Marie: J'**ai choisi** mon métier …

Léo: Chanteuse!

Marie: Oui! Les gens qui t'**applaudissent**, c'est trop, trop super.

Léo: J'espère que tu **vas réussir**. Bon.
Je te quitte: je **n'ai pas fini** mes devoirs.

Marie: Salut, Léo.

b

1. La chanson que chante Marie s'appelle «Stars».	faux
2. La chanson est d'Olivier et d'Anne.	vrai
3. Marie a chanté sa chanson devant le professeur de musique.	vrai
4. Marie et ses parents vont aller à Paris.	vrai
5. A Paris et à Toulouse, il y a les mêmes dates de vacances.	faux

1. – Est-ce que vous allez tourner **votre film** en décembre?
   – **Oui, nous allons le tourner en décembre.**
2. – Est-ce que tu as envoyé une lettre **à ta copine**?
   – **Non, je ne lui ai pas envoyé une lettre.**
3. – Est-ce que tu as téléphoné **à Marie et à Olivier**?
   – **Oui, je leur ai téléphoné hier soir.**
4. – Est-ce que Paul a trouvé **la solution**?
   – **Bien sûr, Paul / il l'a trouvée.**
5. – Quand est-ce que vous allez montrer les vieilles rues de la ville
   à nos correspondants?
   – **Nous allons leur montrer les vieilles rues de la ville, demain après le collège.**

1. **toute** la journée
2. **toutes** les chambres
3. **tous** les élèves
4. **tout** le monde

Crossword:

```
              2           3
           m 11 t  e  s  t
  10 a  r  g  e  n  t  e           4
           s           u          g
     1 i  n  s  t  a  l  l  e  r   a
     6     a                      g
  5 f  a  t  i  g  u  é  8 é c r a n
     v     e                      e
     i        9 c  o  p  i  e  r
  7 s  c  è  n  e
```

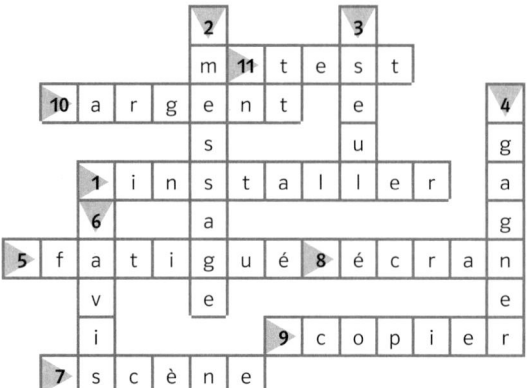

Hier, je suis allée à la Fête de la musique. Tout d'abord, mon groupe préféré est entré sur scène et il a joué mes morceaux préférés! Tout à coup, la chanteuse a perdu sa voix. Alors les musiciens ont fait de la musique sans la chanteuse. Puis, j'ai attendu cinq, dix minutes. Tout à coup, je suis montée sur scène. Et j'ai chanté, j'ai chanté, j'ai chanté. Les gens ont beaucoup applaudi. Enfin, je suis rentrée chez moi.

1. Marie explique qu'elle répète sa scène.
2. Léo dit à Anne que ses copains sont cools, mais qu'il préfère partir en vacances avec sa famille.
3. Léo veut savoir si les filles sont en retard.
4. Marie demande à Léo s'il écrit un e-mail à ses grands-parents.

1. Ne leur donne pas ton avis.
2. Cherchez-le.
3. Envoie-leur un e-mail.
4. Ne les appelez pas.

							9	10
			4		7	8	f	m
		2		s	6 e| n	t	r	é	e

Crossword:

- 1 → r e c e t t e
- 2 → r a n g e (down: r, a, n, e, o... "orange"?)
- 3 → g r a m m e s
- 5 → o r a n g e
- 6 → e n t r é e
- 9 (down) → f i t t e s
- 10 (down) → m e n u
- 11 (down) → s a l a d e
- 12 → d é l i c i e u s e s

1. → b. → I
2. → d. → II
3. → c. → IV
4. → a. → III

1. Léo mange de la salade.
2. Léo mange des œufs.
3. Léo mange du chocolat.
4. Léo mange des frites.
5. Léo boit du jus d'orange.
6. Léo mange du fromage.

1. Tu as faim? Tu veux un peu de fromage?
   b. Oui, j'en veux bien un peu.
2. Il y a de la salade de tomates. Tu aimes ça?
   a. Oui, j'aime bien ça.
3. Bonjour mademoiselle. Vous désirez?
   b. Bonjour, je voudrais deux kilos d'oranges.

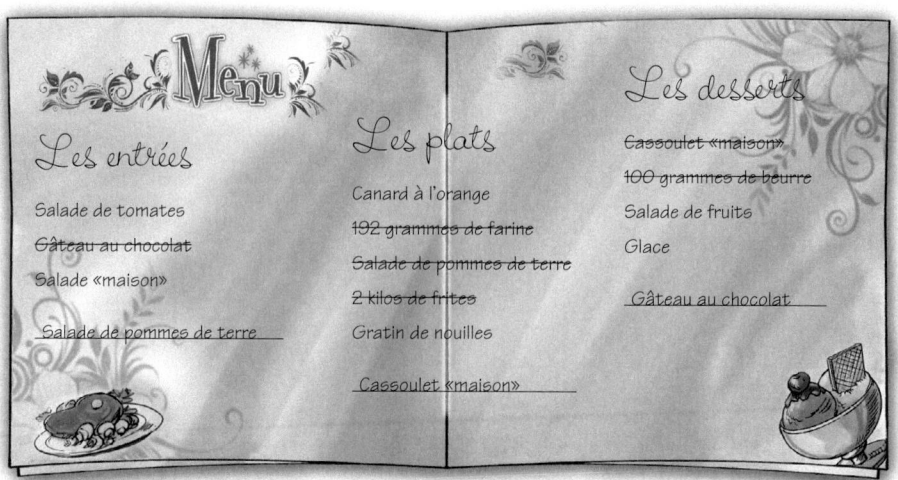

1. – Est-ce qu'il y a encore du gâteau au chocolat?
   – **Non, il n'y en a plus.**
2. – Est-ce que ton frère prend du jus d'orange?
   – **Non, mon frère / il n'en prend jamais.**
3. – Est-ce que tu as parlé de cette BD à quelqu'un?
   – **Non, je n'en ai parlé à personne.**
4. – Est-ce que tu as mangé de la glace aujourd'hui?
   – **Non, je n'en ai pas mangé aujourd'hui.**
5. – Est-ce que vous allez prendre du sucre?
   – **Non, nous n'allons pas en prendre.**

1.
w	e	e	k	–	e	n	d
3	4	5	6		7	8	9

2.
m	o	n	t	a	g	n	e			c	h	a	l	e	t	s
	2					12					11	14				13

3.
g	u	i	d	e
	1			15

4.
d	o	c	t	e	u	r
10						19

5.
a	m	b	u	l	a	n	c	e
							25	26

6.
é	c	l	a	i	r	s			t	o	n	n	e	r	r	e
19						27				20		21				

v	e	n	t
			28

7.
p	l	u	i	e			p	a	r	a	p	l	u	i	e
				23					33		31		30		32

Lösungssatz:
Un week-end dans les Pyrénées, c'est super!

1. Marie a eu une mauvaise note en allemand, alors elle **s'est cachée** sous son lit!
2. Marie et Julien **se sont disputés** chaque jour.
3. Julien **s'est amusé** avec ses copains.
4. La voiture de notre grand-père **s'est éloignée**.
5. Dimanche, Marie **s'est levée** à 10 heures, puis elle **s'est promenée**
   avec ses parents dans le parc.
6. Qu'est-ce qui **s'est passé**? Tu pleures?

3 *Fleur:* Pardon, madame, comment est-ce que je vais au cinéma «Le Toulouse»?
La dame: Oh! Ce n'est pas tout près, jeune fille.

Vous devez d'abord **faire demi-tour.**

Ensuite, vous allez **tout droit**. Vous marchez pendant 200 mètres.

Là, vous arrivez devant un collège. Vous tournez **à droite**, puis vous prenez

la première rue **à gauche**. Vous la suivez pendant 600, 700 mètres,

jusqu'au supermarché. Là, vous **traversez** la rue.

Puis vous allez **tout droit** jusqu'au **feu**. Vous êtes arrivée.

Fleur: Merci beaucoup, madame.

4
1. → f.
2. → c.
3. → b.
4. → a.
5. → d.
6. → e.

5
1. C'est à Marie et (à) Julien que je téléphone.
2. Ce sont les élèves qui se sont cachés dans la forêt.
3. C'est moi qui ai appelé Marie ce matin.
4. C'est à papa et (à) maman que j'ai envoyé un SMS.
5. Ce sont eux qui se disputent tout le temps.

1. i n s t r u m e n **t** s
   1

2. s u p **e** r m a r c h é
      2

3. **m** e s s a g e
   3

4. a **p** p o r t e
      4

5. f a t i g u é **s**
                 5

1. Ne la répétez pas.
2. Téléphone-lui ce soir.
3. Envoie-leur une carte postale.

1. La Fête de la musique, c'est, chaque année, le 21 juin.   vrai
2. Le 21 juin, c'est le premier jour de l'hiver.   faux
4. La Place du Capitole est à Paris.   faux
5. Edith Piaf a été une star.   vrai
6. Tu es né(e) en 1769.   faux

Amélie, la cousine de Léo qui habite dans la même rue que Léo,
va déménager à Toulouse. Amélie parle avec sa mère.

Amélie: Est-ce que tu **crois** que papa va trouver du travail à Toulouse?
La maman: Oui. Je le **crois**.
Amélie: Vous **croyez** que la ville de Toulouse va nous plaire?
La maman: Oui. Ton père et moi, nous le **croyons**.
Amélie: Mes copains ne **croient** pas que nous allons déménager à Toulouse.
La maman: Pourquoi?
Amélie: Ils pensent que nous aimons trop Paris.
La maman: On peut aimer la capitale et on peut aimer Toulouse.
Amélie: Léo **croit** que ce n'est pas possible. Toi, tu dis que c'est possible.
 Alors qui **croire**? Moi, j'ai envie de **croire** qu'on va toujours rester dans notre
 quartier, parce que c'est trop triste de le quitter, et parce que c'est trop triste
 de quitter ses amis …

 a
1. Anne explique qu'elle répète sa scène.
2. Marie et son amie croient qu'elles vont bien chanter à la Fête de la musique.
3. Léo dit à Félix que ses copains sont cools, mais qu'il préfère partir en vacances
   avec sa famille.
4. Julien raconte qu'il a rangé sa chambre.

b
1. Le professeur demande à Marie si elle aime le jazz.
2. Le professeur demande à Marie pourquoi elle est fatiguée.
3. Le professeur demande à Marie où elle habite.
4. Le professeur demande à Marie comment s'appelle son correspondant allemand.

1.

a	r	a	b	e		

2.

d	e	v	e	n	i	r

3.

o	e	i	l	(œil)

4.

l	u	n	e	t	t	e	s

5.

e	x	p	o	s	é

6.

s	i	è	c	l	e

7.

c	h	e	v	e	u	x

8.

e	n

9.

n	é	s

10.

t	i	m	i	d	e	s

Lösungswort: (un) adolescent

~~vous êtes~~

~~nous finissons~~

1. Anne est aussi sympa que Léo.
2. La ville de Paris est plus grande que la ville de Toulouse.
3. Marie est moins jeune que Julien.
4. Manon fait des meilleurs gâteaux que sa sœur.

Léo: Je trouve que la tour Eiffel est **la plus belle** tour du monde.

La maman: Oui. Tu as raison.

Léo: J'adore la maman d'Anne.

La maman: Euh … Oui? Pourquoi?

Léo: Elle fait **les meilleurs** gâteaux du monde.

La maman: Je n'ai pas le temps de te faire des gâteaux …

Léo: Tu peux faire autre chose …

La maman: Ah oui? Quoi?

Léo: Comme tu es **la plus géniale** maman du monde, tu peux m'acheter **les plus intéressantes** BD de la liste que je viens de faire …

La maman: Moi, j'ai fait la liste de tes **plus mauvaises** notes. Il y en a beaucoup. Dis-moi: qu'est-ce qu'on fait?

1.	o	r	a	g	e			
2.	r	é	g	i	o	n		
3.	d	o	c	t	e	u	r	
4.	o	u	r	s				
5.	n	u	a	g	e	s		
6.	n	u	i	t				
7.	a	m	b	u	l	a	n	c	e
8.	n	o	u	s				
9.	c	o	n	d	u	i	t	
10.	e	n	t	r	e			

Lösungswort: (une) ordonnance

1. nous construisons
2. vous conduisez
3. ils/elles courent
4. je/tu conduis
5. il/elle/on court
6. ils/elles conduisent

Alain: A quelle heure est-ce que tu **te lèves**, le matin?

Marco: A six heures.

Alain: C'est tôt, quand on est en vacances.

Marco: C'est tôt, oui, mais comme ça, mes amis et moi, nous **nous promenons** dans la montagne, quand il ne fait pas trop chaud. Et toi, à quelle heure est-ce que tu **te lèves**?

Alain: A dix heures.

Marco: C'est tard.

Alain: Oui, mais avec mes amis, nous **nous amusons** jusqu'à minuit.

Marco: Ah! Et tes parents ne disent rien?

Alain: Souvent, mes parents ne sont pas là. Depuis hier, par exemple, ils **se trouvent** dans un chalet, dans la montagne.

Marco: C'est quoi, là, derrière les arbres?

Alain: Un ours! Dis … Qu'est-ce qu'on fait? On court? On va **se cacher**?

Marco: On ne court pas. On ne **se cache** pas. On ne bouge pas …

1. – Marie, c'est ta copine?
   – Oui, **elle**, c'est ma copine.
2. – Vos voisins, ce sont les Schlanstein?
   – Oui, **eux**, ce sont les Schlanstein.
3. – Monsieur Boulay, c'est votre prof d'allemand?
   – Oui, **lui**, c'est notre prof d'allemand.

Julien: J'ai eu un accident, docteur.

Le docteur: **Un accident? Comment? Raconte.**

Julien: J'ai couru comme un fou et je suis tombé dans un trou.

Le docteur: Où est-ce que tu as mal?

Julien: **A ma jambe. Je ne peux plus bouger ma jambe.**

Le docteur: Je vais voir ça.

Julien: Aïe! Ne mettez pas votre main sur ma jambe:
   ça fait trop mal.

Le docteur: **Tu as une jambe cassée.**

Julien: Une jambe cassée? Quelle horreur!

Le docteur: Ce n'est pas trop grave. **A l'hôpital, on va te mettre un plâtre.**

1. Comment est-ce que je vais au cinéma «Le Toulouse»?
   b. **Faites demi-tour, prenez la première rue à droite, marchez 100 mètres: vous êtes arrivé!**
2. Qui est-ce qui t'a appelée cette nuit?
   a. **Mamie. Elle a eu très mal au ventre. Alors j'ai appelé le docteur.**
3. A qui est-ce que tu as donné rendez-vous?
   a. **A Fabien.**
4. Où est-ce que vous construisez votre maison?
   a. **Nous allons la construire à dix kilomètres de Toulouse.**

**Die perfekte Wiederholung
in der Freizeit und in den Ferien:**

- vielfältige spannende
  Aufgaben und Rätsel, mit
  denen du Französisch übst
- locker nach Lektionen
  gegliedert
- mit eingelegtem Lösungsheft

Viel Spaß!

Beilage zur
ISBN 978-3-12-**522046**-1

9 783125 220461

1 *Finde die passenden Wörter und trage sie in das Kreuzworträtsel ein.*

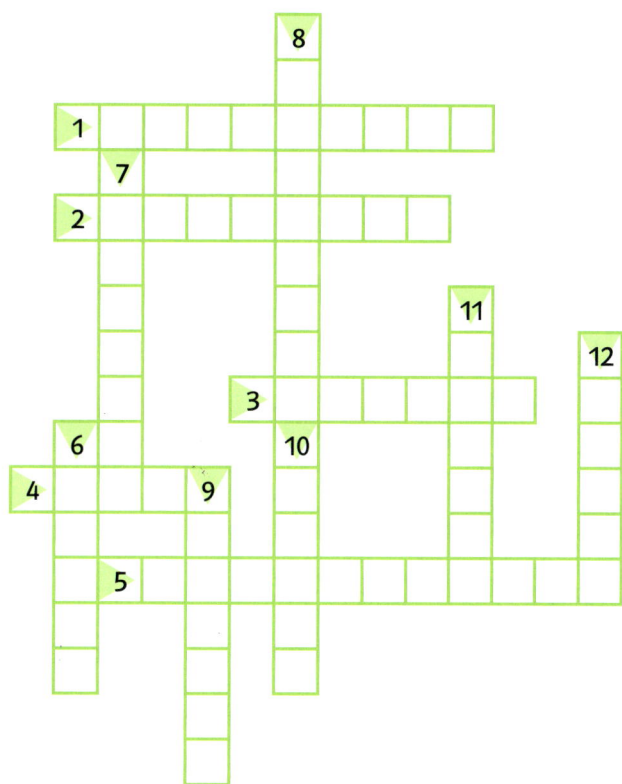

1. Un verbe qui veut dire la même chose que «faire la bise».

2.

3.

4. Ma sœur a vingt **?** . Elle a maintenant quitté la maison.

5. C'est le titre[1] de ton livre de français.

6.

7. On va le voir quand on va mal.

8. A Noël[2] ou l'été, quand tu ne vas pas à l'école, tu as des **?** .

9. Valentin a trouvé des photos de Toulouse et de la **?** .

10. Le contraire de chaud.

11. A la fin de ta lettre, tu dois[3] **?** .

12.

 2 *Welche Verbformen von **dormir, partir, sortir, mettre, voir** und **venir** verstecken sich hinter dem Buchstabensalat? Notiere sie mit dem oder den passenden Personalpronomen.*

1. zoesrt _____

2. stem _____

3. ndrtoem _____

4. trap _____

5. nnneievt _____

6. oonsyv _____

---

1 le titre der Titel – **2 Noël** *(m.)* Weihnachten – **3 devoir faire qc** etw. tun müssen

3 **a** *Drei böse Schlangen haben Sätze aufgefressen. Nun sind die Wörter nicht mehr an ihrem richtigen Platz. Versuche die Sätze zu rekonstruieren und notiere sie.*

1. de | Parc | Léo | Villette | accompagne | e | la | au | sa copine

2. le | beaucoup | avec | a | temps | On | chance | de

3. Je | a | d'appartement | trouve | ne | de | près | place de la Bastille | pas

1. _____

2. _____

3. _____

_____

b *Setze die drei Sätze in die Vergangenheit und verwende das **Passé composé**. Fange jeden Satz mit **hier** an.*

1. *Hier,* _____

2. _____

3. _____

_____

Beantworte die Fragen.

1. Est-ce que tu as déjà visité Toulouse?

Oui, _____

2. Est-ce que vous avez acheté des billets pour le train?

Non, _____

3. Est-ce qu'il pleut encore?

Non, _____

4. Est-ce que tu as déjà appris ta leçon?

Non, _____

 *Du bist Wettermoderator/in und sagst heute den Wetterbericht für Toulouse voraus. Vervollständige mit Hilfe der angegebenen Elemente den kompletten Wetterbericht. Verwende dabei **aller + Infinitiv**.*

Aujourd'hui, à Toulouse, le matin, nous allons avoir _____

_____

_____

_____

6 **a** *Lies den Dialog und setze die Verben in Klammern*
ins Passé composé.

J'ai bien appris
mes verbes!

Marie: Alors? Vous déménagez? Ou vous ne déménagez pas?

Léo: Mes parents _____ (avoir) envie de déménager.
Et, finalement¹, ils vont rester dans l'appartement.

Marie: Tu _____ (faire) quelque chose pour ça?
Léo: Oui!
Marie: Quoi?

Léo: J'_____ (téléphoner) à mamie. Et quand elle _____

(apprendre) l'histoire du déménagement, elle _____ (crier).

Puis, j'_____ (raconter) tout ça à maman.

Marie: Et qu'est-ce qu'elle _____ (faire)?

Léo: Elle _____ (discuter) avec papa. Alors, moi,

j'_____ (être) de très, très en colère!

Maintenant, ils _____ (comprendre)!

Marie: Est-ce que tu _____ (voir) le film, hier, à la télé?
Léo: Le film sur les étoiles?
Marie: Oui!

Léo: Non! Hier, j'_____ (mettre) un DVD². Un film super sympa.
Il s'appelle: «Déménager: quelle horreur!»

b *Was für ein Titel passt zu dem Dialog? Kreuze den passenden Titel an.*

1. ☐ J'ai mis un DVD
2. ☐ Mes parents vont à Toulouse
3. ☐ Mamie ne veut pas déménager!
4. ☐ On ne déménage plus!

———
1 finalement letztendlich – **2 un DVD** eine DVD

Sac à dos 1

Découvertes Cadet

1 *Finde die passenden Wörter und trage sie in das Kreuzworträtsel ein.*

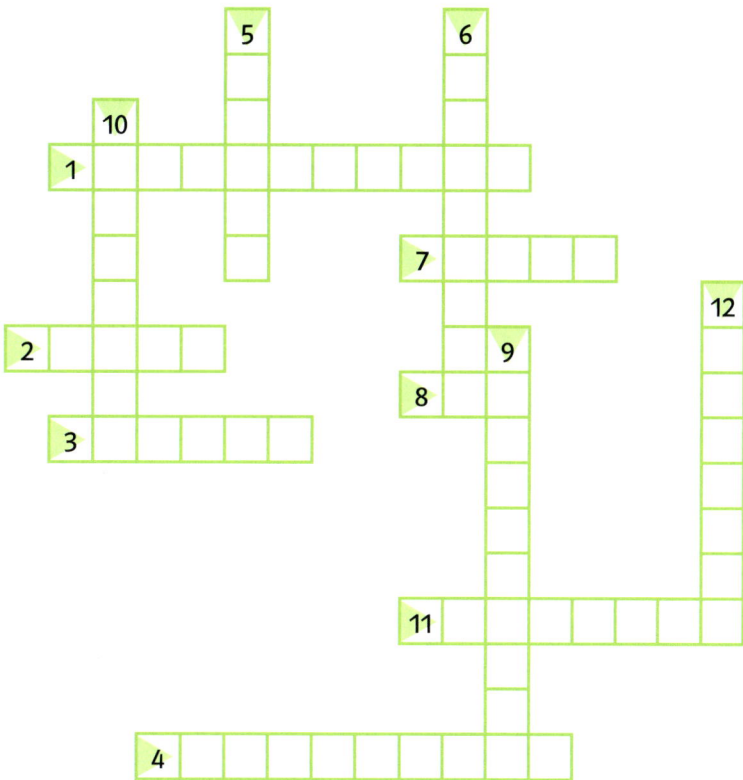

1. Un savant[1] trouve quelque chose, il fait une **?** .

2.

3. Le copain quitte sa copine: la copine reste **?** .
4. Le film va **?** à 8 heures.
5. Tu fais du tennis, du canoë ou de l'escalade: tu fais du **?** .

6. Un pantalon, une robe ou une chemise, c'est un **?** .

7.

8. Adjectif possessif
9. Je vais **?** à compter de 1 à 100.
10. Le samedi et le dimanche, je travaille à la maison: je fais mes **?** .
11. Je vais **?** un cadeau à ma sœur. C'est son anniversaire, et elle habite à Berlin.
12. Le contraire de vendre.

---

1 un savant ein Wissenschaftler

2 *Schreibe die Zahlen aus oder notiere sie in Ziffern.*

Die Zahlen von 70 bis 79 und 81 bis 99 werden folgendermaßen gebildet: 60 + 10, 60 + 11, 80 + 1, 80 + 10, 80 + 13 usw.

Die Zahl 80 entspricht 4 x 20, also **quatre-vingts**.

Mon numéro de téléphone, c'est le … :

1. 06 08 71 74 75 _____

_____

2. zéro ♦ huit ♦ soixante-dix ♦ quatre-vingts ♦ quatre-vingt-treize ♦ cinquante-neuf

_____

3 *Monsieur Louis ruft Léo an. Leider ist das ganze Gespräch durcheinander geraten.*
Bringe das Gespräch wieder in die richtige Reihenfolge.
Trage die Ziffern von 1 bis 12 in der Reihenfolge des Dialogs in die Kästchen ein.

☐ J'appelle pour l'annonce. Est-ce que tes parents sont là?

☐ Dommage[1]. Ils vendent toujours leur voiture?

☐ Bonjour, monsieur.

☐ Non. Ils sont au cinéma.

☐ Au revoir, monsieur.

☐ A 8 heures, je suis à la maison. Mon numéro
de téléphone, c'est le 06 08 71 75 75.

1 Allô? Bonjour! C'est monsieur Louis, le voisin.

☐ A 8 heures.

☐ 06 08 71 75 75?

☐ Oui, oui.

☐ A quelle heure est-ce qu'ils vont rentrer?

☐ Oui. Très bien. C'est ça. Au revoir, Léo.

---
1 **dommage** schade

8

4 a *Drei böse Schlangen haben Sätze aufgefressen. Nun sind die Wörter nicht mehr an ihrem richtigen Platz. Versuche die Sätze zu rekonstruieren und notiere sie.*

1. Elle | collège / fait / avec | de la vidéo | son

2. drôles / Emma | des / ses / raconte / histoires | copines / à

3. l'anniversaire | achetons | pour / de Léo / Nous | cadeaux | des

1. _____

2. _____

3. _____

_____

b *Setze die drei Sätze in die Vergangenheit und verwende das **Passé composé**.*

1. _____

2. _____

3. _____

_____

5 Verbinde mit einem Pfeil die
Sätze, die zusammenpassen.

J'apprends le verbe «dire»!

1. Pourquoi est-ce que
   vous dites «au revoir»?

2. Les élèves disent «bonjour»
   à leur professeur.

3. Pourquoi est-ce que tu
   ne dis rien?

a. Je ne dis rien, parce que
   je n'ai rien à dire.

b. Nous disons «au revoir», parce que
   nous rentrons[1] à la maison.

c. Il répond et dit «bonjour»
   à ses élèves.

6 Lies den Dialog und vervollständige die Sätze, indem du die passende Verbform ankreuzt.

La maman: Le téléphone sonne. Tu ☐ répondez / ☐ répond / ☐ réponds, s'il te plaît[2]?

Léo: Non, maman, je ne ☐ peut / ☐ peux / ☐ peuvent pas ☐ vendre / ☐ répondre /
☐ attendre, parce que je suis avec mamie, sur Internet! Mais papa est là:
qu'est-ce qu'il ☐ fait / ☐ fais / ☐ faisons?

La maman: Il ☐ attend / ☐ prennent / ☐ vend la voiture au voisin.

Léo: Ah bon? Vous ☐ vendez / ☐ vendent / ☐ vendons la voiture?
C'est dommage[3]. Moi, j'aime bien notre voiture!

La maman: Oui, nous ☐ achetons / ☐ prenons / ☐ vendons la voiture,
parce qu'elle est trop petite pour nous, maintenant. Le téléphone sonne
toujours. ☐ Répond / ☐ Prend / ☐ Réponds, s'il te plaît, Léo.

Léo: Oui, maman. Allô?

Anne: C'est toi?

Léo: Oui, c'est moi! C'est Anne, maman!

La maman: Oui. Et?

Anne: Est-ce que tu ☐ peux / ☐ pouvez / ☐ peut venir chez moi?

Léo: Non. Tu habites trop loin[4]!

Anne: Tes parents n'ont pas de voiture?

Léo: Non: ils ☐ vendez / ☐ vendent / ☐ vends leur voiture.

Anne: Alors ☐ achète / ☐ vends / ☐ prends le bus!

Léo: ☐ Attends! / ☐ Attendez! / ☐ Attend! Une minute! Je vais demander à maman …

RiiiNG!!

1 **rentrer** zurückkommen, zurückkehren – 2 **s'il te plaît** bitte (duzen) – 3 **c'est dommage** das ist schade –
4 **trop loin** weit weg

Wandle die Sätze um: Sätze, die im **Présent** stehen, sollen ins **Passé composé** gesetzt werden und umgekehrt.

1. Les filles vont au cinéma.

2. Nous sommes partis à 8 heures.

3. Elle reste à la maison.

4. Je suis arrivé pour discuter.

5. Tu descends à la cave, Anne?

6. Vous êtes venus pour chanter.

1. _____

2. _____

3. _____

4. _____

5. _____

6. _____

2 Vervollständige die Fragen mit der passenden Verbform im *Passé composé*.
Beantworte anschließend die Fragen mit „*Oui, je …/Oui, nous …*" im *Passé composé*.

1. Est-ce que tu _____ (organiser) une fête?

_____

2. Manon, tu _____ (recevoir) des paquets?

_____

3. Malika et Emma, vous _____ (aller) au cinéma?

_____

4. Est-ce que vous _____ (devoir) partir à deux heures?

_____

5. Victor et Malika, vous _____ (rester) à Paris?

_____

3 Lies den Dialog und ergänze ihn mit den direkten
und indirekten Pronomen *me*, *m'*, *te*, *t'*, *nous* oder *vous*.

Léo: Les filles! J'ai faim. Est-ce que vous pouvez

___me___ faire des sandwichs.
Anne et Marie: Nous aussi, nous avons faim.

Alors, s'il te plaît, tu _____ fais des sandwichs.

Anne: Tu _____ appelles[1] quand c'est fait[2]. D'accord?
Léo: Euh … Combien de sandwichs est-ce que vous voulez?

Anne: Moi, j'ai très faim: tu _____ fais quatre sandwichs.
Léo: Quatre?
Marie: Moi, j'ai très, très faim: tu _____ prépares … cinq sandwichs.

Léo: Cinq sandwichs? Je dois _____ faire neuf sandwichs? Neuf! C'est ça?
Anne et Marie: Ben oui! Il y a un problème?
Léo: Euh … Non.
Marie: Super!

––––––––
1 **appeler** rufen – 2 **c'est fait** es ist fertig, es ist gemacht

Anne: Puis, je _____explique l'exercice d'allemand. D'accord?

Marie: Au travail[1], Léo!

Léo: Euh … Je ne peux pas _____ préparer les sandwichs: il y a un match
de foot[2] à la télé. Mais vous, les filles, vous ne regardez pas la télé, maintenant?

Anne et Marie: Euh … Non. Pourquoi?

Léo: Super! Comme ça[3], vous pouvez _____ faire cinq sandwichs,
parce que j'ai très, très faim. Merci, les filles.

 4 *Notiere wie viele Minuten die Tätigkeiten gedauert haben. Schreibe die Zahlen aus.*

1. Marie a pris le train pour aller de
   Paris à Toulouse. Elle est restée
   5 heures et 30 minutes dans le train.

_____

_____ *minutes*

2. Hier, j'ai fait du vélo pendant
   1 heure et 20 minutes.

_____

_____ *minutes*

3. On a fait du foot pendant 3 heures et
   20 minutes.

_____

_____ *minutes*

4. Je suis restée dans le bus pendant
   10 heures et 20 minutes.

_____

_____ *minutes*

_____

1 au travail an die Arbeit – **2 un match de foot** ein Fußballspiel – **3 comme ça** so, infolgedessen

5 Vervollständige den Dialog und setze die angegebenen Verben ins **Passé composé**.

Le matin, Marie _____ (téléphoner) à Léo de Toulouse.

Marie: Ça y est¹: je _____ (partir)!

Nous _____ (quitter) Paris.

Nous _____ (déménager)
à Toulouse. Je suis triste.

Léo: Toulouse, en train, ce n'est pas loin …

Marie: J'_____ (perdre)
mes amis.

Léo: Mais non. Les amis restent les amis.

Qu'est-ce que tu _____ (déjà/faire)
à Toulouse?

Marie: Nous _____ (visiter) la ville.

Nous _____ (aller) avec les parents au cinéma.

Moi, j'_____ (beaucoup/manger)

et j'_____ (dormir) … pour oublier.

Léo: Moi, je _____ (ne … pas/oublier) ma copine.

Je t'_____ (envoyer) un paquet.

Est-ce que tu _____ (recevoir) mon paquet?

Marie: Tu m'_____ (envoyer) un paquet? C'est super sympa!

Il _____ (ne … pas encore/arriver).
Qu'est-ce qu'il y a dans le paquet? … Léo? … Quoi?

Qu'est-ce que tu _____ (dire)?

Je _____ (ne … pas/entendre).

Léo: Je _____ (ne … rien/dire).
Je dois te laisser². C'est l'heure des devoirs.

Marie: Bon … Alors, j'attends le paquet.
Merci, hein. Salut.

_____
1 **ça y est** nun ist es soweit – 2 **laisser** verlassen

14

1 *Gesucht wird eine französische Stadt!*

Um das Lösungswort zu finden, musst du zunächst acht Wörter erraten. Gehe wie folgt vor: Lies die Angaben durch, errate die Wörter und notiere sie. Wenn nichts anderes angegeben wird, trägst du den ersten Buchstaben des Wortes in das Kästchen bei der entsprechenden Nummer ein. Erhältst du eine anderslautende Anweisung, so befolgst du diese. Schreibe den ersten Buchstaben im Lösungsfeld groß.

1.	2.	3.	4.	5.	6.	7.	8.

1. A Toulouse, il fait beau et chaud.

   Et à Paris, quel[1] _____
   est-ce qu'il fait?

2. Tu prends la quatrième lettre[2] du mot.

   un _____

3. Article indéfini: _____

4. Le contraire de près, c'est _____.

5. deux cent onze – deux cents =

   _____

6. Tu prends la quatrième lettre de l'adjectif.
   Le contraire de «l'eau est froide»,

   c'est «l'eau est _____».

7. le _____

8. Tu prends la dernière[3] lettre du mot.

   Paris est la _____ de la France.

 2 *Eine Frage, eine Antwort! Verbinde, was zusammenpasst.*
Schreibe die Lösungen in die Kästchen.

1. Est-ce que le nouveau parle avec les professeurs?
2. Est-ce que les Schlanstein ont quitté Paris?
3. Qu'est-ce que tu dis?
4. Tu as déjà visité la capitale allemande?

a. Moi? Mais je ne dis rien!
b. Non. Il ne parle pas du tout[4].
c. Non. Je n'ai jamais visité Berlin.
d. Non. Ils n'ont pas encore quitté la ville.

1.	2.	3.	4.

---

1 quel was für ein – **2 la quatrième lettre** der vierte Buchstabe – **3 dernier/dernière** letzte, letzter, letztes –
4 pas du tout absolut nicht

a *Entschlüssle den Buchstabensalat. Versteckt sind Verbformen von **mettre** (2x), **adorer**, **voir**, **répondre** und **déménager**. Errate die versteckte Verbform und notiere sie zusammen mit dem passenden oder den passenden Personalpronomen.*

1. ttteenm _____

2. ysovon _____

3. géédnaesm _____

4. drpnosé _____

5. stem _____

6. drntaoe _____

nous voyons

b *Setze die Verbformen ins **Passé composé**.*

1. _____

2. _____

3. _____

4. _____

5. _____

6. _____

 Was für ein Wetter herrscht in Toulouse und was macht Marie? Ergänze den Text.

Aujourd'hui, à Toulouse, il y a

_____ .

Il fait chaud,

_____ .

Marie prend

_____ .

Demain, nous

_____ :

prenez vos

_____ !

5 *Vervollständige den Text und setze die angegebenen Verben ins **Passé composé**.*

Le matin[1], Marie _____ (téléphoner) à Léo.

Léo: Est-ce que tu _____ (voir) la montagne, de ton chalet[2], Marie?

Marie: Il y _____ (avoir) des nuages[3], mais j'_____ (voir)

la montagne: j'_____ (adorer).

Léo: Est-ce qu'il fait beau maintenant?

Marie: Non. Il pleut. Pas super, super! Hier, il _____ (faire) froid.

Alors, j'_____ (mettre) des vêtements chauds.

Léo: A Paris, il_____ (faire) chaud, alors on _____ (être)

au parc, avec des copains. On _____ (rigoler),

on _____ (prendre) des photos,

on _____ (jouer) …

Marie: J'_____ (envoyer) une photo du chalet à Anne.

Elle _____ (ne … pas encore/répondre).

Léo: Hier, elle _____ (être) chez ses grands-parents …

C'est peut-être pour ça …

Marie: Je _____ (ne … pas/entendre).

Qu'est-ce que tu _____ (dire)?

Léo: Je ne t'entends plus non plus.

Marie: Zut! Je n'ai plus de réseau[4].

> Zut! Je n'ai plus de réseau.

_____
1 le matin *hier:* am Morgen – **2 un chalet** ein Chalet *(ein Haus in den Bergen)* – **3 un nuage** eine Wolke – **4 un réseau** ein Netz

Le soir, Marie _____ (téléphoner) encore une fois à Léo.

Marie: Papa _____ (mettre) son nouvel[1] anorak[2].

Léo: Et?

Marie: Son anorak est très petit. Alors on _____ (beaucoup/rigoler).

Léo: D'accord!

Marie: Est-ce que tu _____ (prendre) ton billet
de train[3] pour la montagne?

Léo: Non. Je_____ (ne … pas encore/demander)
à mes parents.

Marie: Viens! Dans le chalet, il y a cinq chambres. On va …

Léo: Je ne t'entends plus!

Marie: Zut! Je n'ai plus de batterie[4] …

> Zut! Je n'ai plus de batterie.

 **6** *Verbinde, was zusammenpasst, mit einem Pfeil.*

1.	200	a.	huit cents
2.	954	b.	deux cents
3.	219	c.	neuf cent cinquante-quatre
4.	800	d.	deux cent dix-neuf
5.	580	e.	cinq cent quatre-vingts

> Ab 200 haben die glatten Hunderter ein **-s**: 300 = trois cent**s**.
> Wenn noch eine Zahl folgt, hat **cent** kein **-s**: 305 = trois cent cinque.

---

1 **nouveau, nouvel, nouvelle** neu – 2 **un anorak** ein Anorak – 3 **un billet de train** ein Zugfahrschein –
4 **une batterie** eine Batterie

1 In diesem Raster sind 14 Wörter versteckt und miteinander verbunden. Finde die französischen Entsprechungen der deutschen Wörter und markiere sie in unterschiedlichen Farben. Der letzte Buchstabe eines Wortes ist der erste Buchstabe des folgenden Wortes. Nur einmal beginnt ein Wort mit einem anderen Buchstaben. In diesem Fall ist in dem Feld zwischen den beiden Wörtern ein Strich (–). In dem Raster liest du in jeder Richtung, wie du es an dem ersten Wortbeispiel erkennen kannst. Die Pfeile helfen dir dabei.

1. Ausgang
2. zwischen
3. Beispiele
4. Gefühl
5. Tour/Rundgang
6. Rugby
7. Geschäfte
8. (du) begrüßt
9. Überraschungen
10. (er) geht hinaus
11. Trimester *(Plural)*
12. sicher *(Plural/weiblich)*
13. Stadien
14. über

s	o	i	m	s	a	i	m	r
x	r	t	e	n	l	r	e	u
i	t	n	n	i	u	t	s	s
e	s	e	t	s	e	r	t	e
n	e	u	o	a	s	o	r	d
t	l	r	a	g	u	s	e	a
r	p	u	m	a	r	e	s	t
e	m	g	–	s	p	s	û	s
x	e	b	y	i	r	i	r	e

Bonne chance!

2 Sieh dir die Zeichnungen an und bilde ganz einfache Sätze mit dem angegebenen Adjektiv. Fang so an: **C'est …, Ce sont …**

1.

vieux

2.

nouveau

3.

beau

C'est un _____   _____   _____

_____   _____   _____

4.

vieux

5.

Je suis
Italien.

beau

6.

nouveau

_____

_____

_____

_____

_____

_____

3 *Ergänze den Dialog mit den direkten Objektpronomen* **le**, **la**, **l'** *oder* **les**.

La maman: Comment tu trouves la ville?

Marie: Je _____ trouve belle.

Julien: Moi, je ne _____ trouve pas belle.

Marie: Toi, le petit frère, on ne t'ai rien demandé.
Julien (en colère): Alors, tu me rends[1] mes BD.

Marie: Mais je veux encore _____ lire.

Julien: Je _____ veux!

> **Le** vertritt ein maskulines Nomen im Singular,
> **la** ein weibliches Nomen im Singular und
> **les** maskuline oder feminine Nomen im Plural.
> Vor Vokal werden **le** und **la** zu **l'**.

Marie: Et toi, je veux mon livre sur les chiens!

Julien: Mais je ne _____ ai pas encore lu!

Marie: Bon, Julien, mon livre sur les chiens, …

tu peux _____ lire.

Julien: Et moi, mes BD, … je te _____ donne!
Dis, maman, le chien, quand est-ce qu'on

_____ achète?
La maman: Euh …

_____
1 rendre zurückgeben

4 *Ergänze die Aussagesätze mit den fehlenden Präpositionen: **avec, à, au, de, des**.*
Stelle anschließend die passenden Fragen zu den Aussagesätzen.

Personen/Tiere:
A qui …
Avec qui …

Sachen:
A quoi …
De quoi …

1. Léo rêve _____ gâteaux que fait la maman de Marie.

_____ ?

2. Marie et Malika jouent _____ foot.

_____ ?

3. Les parents de Marie pensent _____ leur déménagement.

_____ ?

4. Marie et Léo discutent _____ la ville rose.

_____ ?

5. Les parents parlent toujours _____ notes de leurs enfants.

_____ ?

6. Léo dort _____ son chien.

_____ ?

5 *Streiche das Wort, das nicht zu den anderen passt, durch.*

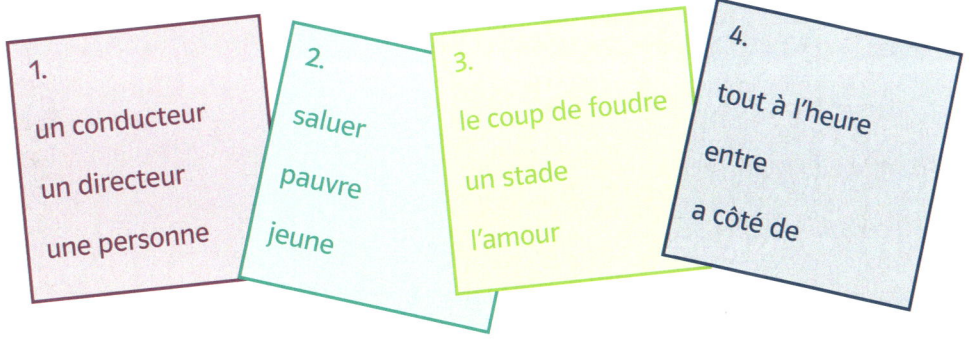

1.
un conducteur
un directeur
une personne

2.
saluer
pauvre
jeune

3.
le coup de foudre
un stade
l'amour

4.
tout à l'heure
entre
a côté de

6 **a** *Lies den Dialog und vervollständige die Sätze, indem du die passende Verbform ankreuzt.*

Léo: Tu es contente à Toulouse? La ville te ☐ plais / ☐ plaît?

Marie: Je ne la ☐ connaissons / ☐ connais pas encore très bien, la ville. Je ne ☐ vis / ☐ vit là que[1] depuis deux semaines!

Léo: Tu ☐ vis / ☐ as vécu douze ans à Paris mais seulement[2] deux semaines à Toulouse, c'est ça?

Marie: Oui. C'est ça! La vie à Paris, la vie dans mon quartier, le collège, les copains, tout ça, ça ☐ m'a beaucoup plu / ☐ t'a beaucoup plu. Ici, je ne peux encore rien dire …

Léo: Et tes parents?

Marie: Ils ☐ connaissent / ☐ connaissons déjà beaucoup de monde. Et maman a retrouvé une amie. Elle ☐ connaît / ☐ a connu[3] cette amie, dans son travail, à Paris.

Léo: La chance! Et ton petit frère?

Marie: Il n'aime pas cette ville parce qu'il n'a pas de copains. Tout ça ne ☐ plaît / ☐ plaisent pas à mon frère. Il est souvent en colère.

Léo: L'âge bête!

Marie: Mes grands-parents ont déménagé: ils ☐ vivent / ☐ vivez maintenant au bord de la mer. Ils ☐ sont venus / ☐ sont venues à Toulouse pour mon anniversaire.

Léo: Ta mère a fait le gâteau que je ☐ connaît / ☐ connais … et que j'adore?!!!

Marie: Oui!

Léo: Je prends le train, et j'arrive!

Marie: Tu rigoles[4]!

b *Vrai oder faux, das ist die Frage! Lies noch einmal den Dialog und kreuze an, ob die Sätze richtig oder falsch sind.*

	vrai	faux
1. Léo a déménagé à Toulouse.	☐	☐
2. Marie a un frère.	☐	☐
3. Marie a vécu douze ans et deux semaines à Paris.	☐	☐
4. Les grands-parents de Marie vivent à la montagne.	☐	☐
5. Léo prend le train pour Toulouse.	☐	☐

1 ne … que erst – **2 seulement** nur – **3 qn a connu qn** jd. hat jdn. kennen gelernt – **4 tu rigoles** du scherzt

1 In diesem Raster sind 14 Wörter versteckt und miteinander verbunden. Die deutschen Übersetzungen der gesuchten Wörter sind unterhalb des Rasters angegeben. Finde die Wörter, markiere und notiere sie. Der letzte Buchstabe eines Wortes ist der erste Buchstabe des nächsten Wortes. Nur einmal beginnt ein Wort mit einem anderen Buchstaben. In diesem Fall ist in dem Feld zwischen den beiden Wörtern ein Kasten ▨. In dem Raster liest du in jeder Richtung, wie du es an dem ersten Wortbeispiel erkennen kannst. Die Pfeile helfen dir dabei.

s	o	e	n	s	t	▨	d	e
x	r	r	t	i	e	l	n	r
i	t	i	r	r	s	u	i	e
r	e	n	o	t	u	n	e	r
e	v	s	n	n	r	i	t	o
r	i	o	m	e	p	a	v	u
o	s	e	r	i	r	r	t	r
e	r	n	o	s	o	r	n	n
t	a	r	d	e	s	t	e	e

Bonne chance!

1. ausgehen, hinausgehen *sortir*
2. zurückkommen _____
3. wir gehen nach Hause zurück *nous*
4. der Abend *le*
5. rosa _____
6. in Verspätung *(2 Wörter)* _____
7. sie schlafen *ils/elles*
8. traurig *(Plural)* _____
9. Überraschungen _____
10. sie gehen hinaus *ils/elles*
11. ein Zug *un*
12. etw. ist blöd *(männlich)* *qc est*
13. letzter/letzte/letztes *(Singular/männlich)* _____
14. er kehrt zurück *il*

2 Lies die Sätze und kreise die Objektpronomen ein. Ordne jeden Satz anschließend dem passenden Bild zu und notiere den Buchstaben in dem Kästchen.

1.

2.

3.

4.

5.

6.

a. Je te téléphone, parce que j'ai oublié mon livre chez toi.

b. Monsieur, est-ce que mon histoire vous intéresse?

c. Les enfants, vous êtes trop loin: je ne vous entends pas!

d. Papa et maman nous accompagnent à la gare.

e. Dans deux jours, je suis à la maison. Je vous aime!

f. Je ne comprends rien! Est-ce que tu peux m'aider, maman?

3 Bilde Sätze mit den angegebenen Wörtern. Achtung: Die Verben musst du noch in die richtige Form ins **Présent** oder **Passé composé** setzen!

1. de · Hier, · recevoir · amis · Berlin. · nous · des

_____

2. week-end · dernier, · devoir · déménager. · Le · nous

_____

3. semaine · nos · enfants · à · gare. · La · la · nous · dernière, · chercher

_____

_____

4. Aujourd'hui, · anniversaire. · c' · ton · être

_____

5. Est-ce que · tu · recevoir · des · cadeaux? · déjà

_____

6. élèves · Les · leurs · «bonjour» · dire · et · «au revoir» · professeurs. · devoir · à

_____

_____

4 Welche Formen der Verben **venir**, **sortir** und **partir** verstecken sich in dem Buchstabensalat? Finde sie heraus und notiere sie mit dem oder den passenden Personalpronomen.

1. srtteon _____   2. ientv _____

3. senvon _____   4. srap _____

5. zortes _____   6. arenttp _____

7. nnnetvie _____   8. torapsn _____

5 Lies den Dialog und ergänze ihn mit den passenden Formen von **être** oder **avoir**.

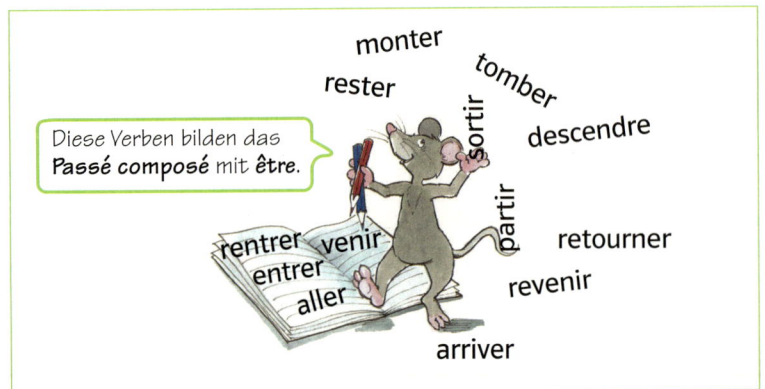

monter
rester
tomber
sortir
descendre
partir
retourner
rentrer venir
entrer
aller
revenir
arriver

Diese Verben bilden das **Passé composé** mit **être**.

Anne: Samedi, maman et moi, nous _____ sorties.

Léo: Qu'est-ce que vous _____ fait?

Anne: Nous _____ allées au cinéma.

Léo: Qu'est-ce que vous _____ vu?

Anne: «Papa _____ revenu à la maison» …
Léo: C'est un film, ça?
Anne: Oui! Bof!

Léo: Ah … Moi, je ne _____ pas sorti.

Je _____ resté à la maison.

J'_____ regardé un film à la télé:

«J'_____ été content de te voir!» …
Anne: C'est bien?
Léo: Bof!
Anne: Dimanche, papi et mamie _____

venus à la maison. Papa _____ descendu à la cave[1]:

il _____ cherché une bonne bouteille.

Et maman _____ fait un super gâteau.

Léo: Vous _____ tout mangé?
Anne: Oui.
Léo: Dommage[2]. Bon. A demain.
Anne: A demain.

———
1 la cave der Keller – **2 dommage** schade

Errate die gesuchten Wörter und schreibe sie in das Kreuzworträtsel.
So kannst du herausfinden, wie das Lösungswort in der farbig unterlegten Spalte lautet.

1.
2.
3.
4.
5.
6.
7.
8.
9.
10.

1. Les professeurs **?** à leurs élèves de lire beaucoup de livres.
2. Comme dans le texte de la leçon 4, beaucoup de gens n'aiment pas ces animaux.
3. Je les mange avec de la sauce tomate[1].
4. Je ne connais pas la **?** de l'Afrique.
5. Les élèves le font, en classe, devant les autres élèves. Il y a un «x» dans ce mot.

6. J'ai beaucoup travaillé: je dois donc [2] **?** mon devoir.
7. On l'écrit, puis on l'envoie par Internet.
8. Article indéfini masculin.
9. Le prof est malade: les élèves vont en **?** de permanence.
10. Mes amis sont **?** train de prendre le petit-déjeuner.

 Angle die zwei Fische, deren Verben nicht zu den anderen passen.
Verbinde die Fische mit den Angeln mit farbigen Linien.

applaudir
finir
choisir
rire
venir
réussir

---

1 la sauce tomate die Tomatensauce – **2 donc** also

4

3 Ergänze die Sätze mit den Objektpronomen, die sich in den Kästchen befinden.

le   l'   me   vous
les   lui   leur   te   nous

> Vor Vokal werden **le** und **la** zu **l'** verkürzt.

Olivier: Salut, Anne! Qu'est-ce que tu fais?
On va au cinéma, oui ou non?
Anne: Attends. Je téléphone à mes parents.

Je _____ demande la permission[1].

Olivier: Moi, mon père, je _____ ai déjà
demandé la permission.

Anne téléphone a sa mère.

Anne: Maman? C'est moi!
La maman: Oui, ma chérie. Qu'est-ce que

tu veux _____ dire?
Anne: Est-ce que je peux aller au cinéma
avec Olivier?
La maman: Qu'est-ce que vous voulez voir?
Anne: «Mon collège est super»! Les copains

de la classe _____ ont vu: le

film _____ a beaucoup plu. Alors, maman?
Dis oui, s'il te plaît …
La maman: Et tes devoirs, quand est-ce que tu _____ fais?

Anne: Mon devoir de maths, je vais _____ faire après le cinéma.

La maman: Bon, Anne. Je _____ donne la permission.

Anne: Merci, maman. Après le cinéma et mon devoir de maths,

je voudrais _____ montrer, à toi et à papa, le film sur l'école.

La maman: Je n'ai pas entendu! Qu'est-ce-ce que tu veux _____ montrer?

---

1 la permission die Erlaubnis

Anne: Le film qu'on a tourné sur la vie au collège.

J'ai oublié: les copains du film doivent _____

téléphoner. Est-ce que tu peux _____ dire,
s'il te plaît, que je suis au cinéma?
La maman: Oui.

Olivier: Bon! La permission, tu _____ as,
oui ou non? Le film commence dans dix minutes.

Et j'ai envie de _____ voir, moi, le «super collège»!

 4 *Schau dir die Zeichnungen an und lies die Sätze. Ordne anschließend die Sätze den Bildern zu. Notiere in den Sprechblasen den Buchstaben des passenden Satzes.*

Je suis en train de préparer le repas.

1.

a. Super! Est-ce que je peux venir le manger?
b. Oui, je viens de faire un gâteau.
c. Non. Je ne peux pas lui parler. Je suis en train de faire un gâteau.
d. Ce soir[1], je vais faire un gâteau.

2.

3.

4.

----
1 ce soir heute Abend

5 *Setze die Sätze, die im **Präsens** sind, ins **Passé composé** und umgekehrt!*

1. Nous avons beaucoup réfléchi. Nous avons réussi à trouver des solutions
    à nos problèmes.

    _____

    _____

2. Je choisis souvent des projets qui ne me plaisent pas. Je réfléchis, avec ton aide,
    à d'autres projets.

    _____

    _____

3. Avec mes copains, nous rions beaucoup en classe. La prof, elle, ne rit jamais.

    _____

    _____

6 *Präposition **a**, **de** oder keine Präposition: Das ist die Frage. Kreuze die richtige Lösung an.*

1. Anne commence **?** rire.   ☐ à / ☐ de / ☐ ohne Präposition

2. Léo a peur **?** chanter.   ☐ à / ☐ de / ☐ ohne Präposition

3. Je vais **?** vendre mon vélo.   ☐ à / ☐ de / ☐ ohne Präposition

4. Le prof sait **?** jouer au rugby.   ☐ à / ☐ de / ☐ ohne Präposition

5. Mon père a réussi **?** trouver un travail.   ☐ à / ☐ de / ☐ ohne Präposition

6. Tu aimes **?** lire un livre?   ☐ à / ☐ de / ☐ ohne Präposition

7. J'ai envie **?** sortir.   ☐ à / ☐ de / ☐ ohne Präposition

1 Errate die gesuchten Wörter und schreibe sie in das Kreuzworträtsel.
So kannst du herausfinden, wie das Lösungswort in der farbig unterlegten Spalte lautet.

1. Faire encore une fois.
2. dann
3. Il y a un **?** élève dans la classe.
4. Dans ce nouveau verbe, il y a un «î».
5. La ville **?** je vis maintenant, s'appelle Toulouse.
6. Quand on ne travaille pas, on a des mauvaises notes: c'est **?**.
7. Tu viens? On va faire un **?** en ville.
8. C'est un ballon de **?** .

9. Il y a un «x» dans ce mot que tu connais bien:
tu le trouves toujours quand tu commences un exercice.

2 Was passt zusammen? Verbinde jedes
Satzteil der linken Spalte mit einem
Satzteil der rechten Spalte mit einem Pfeil.
Benütze für jeden Pfeil eine andere Farbe.

> Ein Trick, der hilft:
> Im Relativsatz mit **qui** steht außer **qui** kein weiteres Subjekt mehr.
> Im Relativsatz mit **que** muss noch ein Subjekt folgen.

1. J'ai un frère qu'
2. Le collège, que
3. La maison, où
4. Manon a des copains qui
5. Le vieux cinéma, où
6. Toulouse, c'est une ville où

a. on voit souvent à la télé.
b. va Léo, est à Paris.
c. font du rugby.
d. tu connais, va fermer[1].
e. je ne voudrais pas vivre.
f. je vis, est vieille.

---
1 fermer schließen

3 Ergänze den Dialog mit **le**, **la**, **l'** oder **les**.

Benjamin: Maman, ici, dans ce collège, je n'ai pas d'amis.
La maman: Patience[1]!

Benjamin: Les élèves de ma classe, je ne _____ aime pas.
La maman: Patience!

Benjamin: Ma sœur, elle a déjà Marine. Elle _____ aime bien.

     Normal, c'est sa copine, maintenant. Tu _____ connais?
La maman: Non. Elle n'est jamais venue à la maison.

Benjamin: Elle a aussi un frère. Ma sœur _____ connaît bien …
La maman: Qu'est-ce que tu veux dire?
Benjamin: Je suis comme ma sœur: Marine et son frère,

     je _____ trouve sympa. Mais ce sont les amis de ma sœur.

La maman: Tu _____ as vu, toi, le frère de Marine?

Benjamin: Oui. Je _____ trouve sympa. Marine, aussi,

     je _____ trouve sympa. Maman …
La maman: Quoi, mon petit Benjamin?
Benjamin: Je n'ai pas d'amis …
La maman: Patience!
Benjamin: Alors, j'ai une idée …
La maman: Pour avoir[2] des amis?
Benjamin: Oui. On prend les trois petits

     chats des voisins. Je _____ adore déjà …

4 Ergänze die Fragen mit **quel**, **quelle**, **quels** oder **quelles**.
Bilde anschließend einen Satz und verwende dabei den passenden
Demonstrativbegleiter **ce**, **cet**, **cette** oder **ces** und das angegebene
Adjektiv in der korrekten Form. Schau dir das Beispiel an.

Exemple:
Quels ___ joueurs vont gagner?
Les joueurs de l'équipe du collège vont gagner.

| bon | *Ces joueurs sont bons.* |

Quels amis est-ce
que j'ai? Euh …
Pas les chats des
voisins. Ces chats
ne sont pas sympa.

───────

1 la patience die Geduld – **2 pour avoir** um … zu haben

1. _____ photos est-ce que tu regardes?
   Je regarde les photos de mes vacances.

   `beau` _____

2. _____ copine est-ce que tu aimes beaucoup?
   J'aime beaucoup Marine, ma nouvelle copine.

   `drôle` _____

3. _____ film est-ce que vous regardez?
   Nous regardons le film «Mon collège est super».

   `nouveau` _____

4. _____ professeurs est-ce que tu trouves bien?
   Je trouve bien mes nouveaux professeurs.

   `intéressant` _____

5 *Forme um und setze die Sätze ins **Passé composé**.*

1. Le film me plaît.

   _____

2. Nos amis vivent à Paris.

   _____

3. Vous connaissez Toulouse.

   _____

4. Je connais la région.

   _____

5. Tu ne vis pas ici.

   _____

Léo isst gern und viel. Was der alles verschlingen kann, ist unglaublich!
Natürlich backt er auch Kuchen! Notiere, was er isst und backt. Beginne mit
«**Léo mange …**» oder «**Léo fait …**» und verwende **du, de la, de l'** oder **des**.

Léo mange du fromage.

 Verbinde die französische Aussage mit der entsprechenden deutschen Übersetzung.
Trage den passenden Buchstaben in das jeweilige Kästchen ein.

1. ☐ Il nous faut une bonne recette pour la tarte aux pommes.
2. ☐ Il me faut du beurre et du sucre.
3. ☐ Il leur faut un bon dessert.
4. ☐ Il faut demander à maman si nous pouvons t'attendre.

a. Wir müssen Mama fragen, ob wir auf dich warten dürfen.
b. Wir brauchen ein gutes Rezept für den Apfelkuchen.
c. Ich brauche Butter und Zucker.
d. Sie brauchen eine gute Nachspeise.

Découvertes

5

3 *Ergänze den Dialog mit **le** oder **en**.*

C'est facile!

Das Pronomen „en" vertritt eine Ergänzung mit „de" (z. B. Teilungsartikel) und Ergänzungen mit „des".

Anne: Bonjour, madame. Je voudrais des tomates, s'il vous plaît.

La marchande: Oui. Tu _____ veux combien?

Anne: J'_____ voudrais deux kilos. Maman _____ veut des très grosses.
La marchande: Bien. Et avec ça?
Anne: Il me faut des pommes de terre. Maman _____ veut un kilo.
  Et moi, je voudrais la belle orange, là!

La marchande: Je t'_____ fais cadeau.
Anne: Oh! Merci, madame.
La marchande: Ça fait 7 euros et 20 centimes.
Anne: Oh! Zut! J'ai oublié l'argent[1] à la maison. Je vais _____ chercher et je reviens.

4 *Beantworte die Fragen. Verneine sie und verwende in den Antworten **ne … rien** und **ne … personne**.*

1. Est-ce que tu as acheté quelque chose au marché?

 Non, _____

2. Est-ce que Léo cherche quelqu'un?

_____

3. Est-ce que tes enfants te racontent tout?

_____

4. Est-ce que vous avez vu le voleur?

_____
_____
1 l'**argent** *(m.)* das Geld

35

Oje! Der Auszubildende hat ein Durcheinander verursacht. Das Menü ist nicht korrekt.
Hier und da gibt es Gerichte, die keine sind. Streiche sie einfach durch.
Außerdem sind einige Gänge total falsch eingeordnet. Markiere und notiere sie
beim richtigen Gang. Die Gäste werden dir dankbar sein!

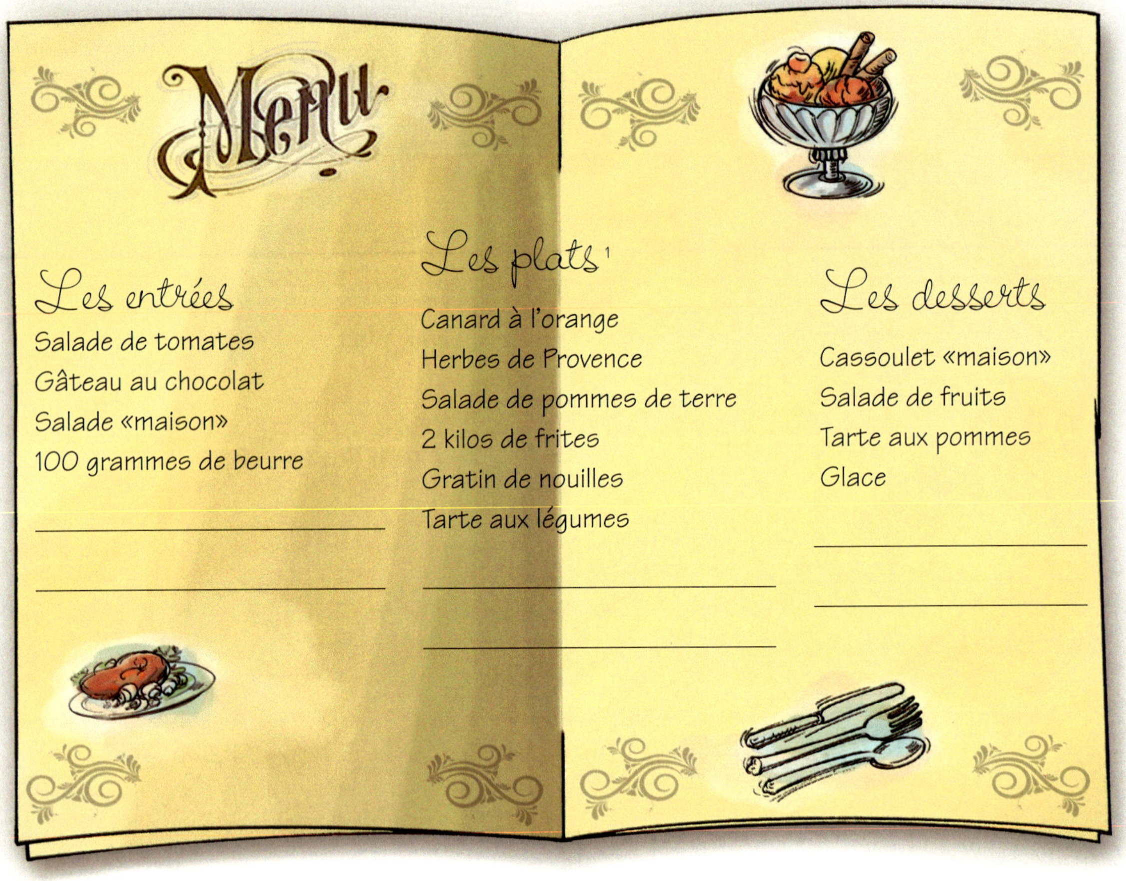

Menu

Les entrées
Salade de tomates
Gâteau au chocolat
Salade «maison»
100 grammes de beurre
_____
_____

Les plats [1]
Canard à l'orange
Herbes de Provence
Salade de pommes de terre
2 kilos de frites
Gratin de nouilles
Tarte aux légumes
_____
_____

Les desserts
Cassoulet «maison»
Salade de fruits
Tarte aux pommes
Glace
_____
_____

 Bei den folgenden Sätzen sind einzelne Wörter durcheinander geraten.
Dekodiere und notiere sie.

1. Anne achète un kilo de **sbaenan** _____ et

 un kilo d' **ronaegs** _____ .

2. Mes parents **jauoetnt** _____ toujours

 trop de **les** _____ dans leurs plats.

3. On achète les baguettes dans une **eioubalnrge** _____ .

_____
1 un plat ein Gericht, ein Hauptgericht

36

1 *Lies die Sätze durch und ordne sie den Sprechblasen zu.*
Notiere den jeweiligen Buchstaben in der passenden Sprechblase.

être en train de faire qc = gerade etwas tun

venir de faire qc = gerade etwas getan haben

a. Non! Non! Je ne peux pas lui répondre: je suis en train de tourner un film.

b. Ça y est[1]! Je viens de finir ma vidéo!

c. Est-ce que je peux venir le manger?

d. Maintenant, je vais faire un bon gâteau.

Plus tard[2]

---

1 ça y est es ist soweit – **2 plus tard** später

2 Gib an, ob die Sätze mit der Präposition **à**, **de** oder keiner Präposition ergänzt werden müssen. Trage in die Kästchen die passende Farbe des Luftballons ein.

1. Je n'aime pas ☐ manger en classe!
2. Mes parents ont réussi ☐ trouver une maison à Toulouse.
3. Mon frère vient ☐ comprendre le texte!
4. J'ai choisi ☐ devenir[1] prof.
5. Moi, je sais ☐ faire la cuisine[2].
6. Tu es en train ☐ chanter ma chanson.
7. Mes parents ont envie ☐ partir en vacances.
8. Nous avons répondu ☐ Grégory.

3 **a** Lies den Dialog und vervollständige die Sätze, indem du die passende Verbform ankreuzt.

Léo: Salut, Marie! Ça va?

Marie: Ça va! Je viens de ☐ choisir / ☐ finir ma vidéo pour l'émission[3] de télé «Stars».

Léo: Tu ☐ as choisi / ☐ a choisi quelle chanson?

Marie: La chanson s'appelle: «A deux, on ☐ réussis / ☐ réussit sa vie!»

Léo: Ha! Ha! Ha!

Marie: Pourquoi est-ce que tu ☐ riez / ☐ ris?

Léo: Elle est de qui[4], cette chanson?

Marie: D'Olivier et d'Anne. J'ai chanté cette chanson au cours de musique.
Le prof et les copains m' ☐ ont applaudie / ☐ ont applaudi.

Léo: Bravo, Marie! Quand est-ce que toi et tes parents allez venir à Paris?

Marie: Mes parents ☐ réfléchissons / ☐ réfléchissent à une date[5].

Léo: ☐ Choisissons / ☐ Choisissez bien, parce que, moi, la semaine
prochaine, je suis en vacances. On va chez mes grands-parents.

Marie: C'est vrai: à Toulouse, on est en vacances deux semaines
après Paris. Mes parents ont oublié: je vais leur dire.

Léo: Super!

Marie: J' ☐ ai choisie / ☐ ai choisi mon métier …

Léo: Chanteuse[6]!

Marie: Oui! Les gens qui t' ☐ applaudissez / ☐ applaudissent,
c'est trop, trop super.

Léo: J'espère[7] que tu ☐ va réussir / ☐ vas réussir. Bon.
Je te quitte: je ☐ ne finis pas / ☐ n'ai pas fini mes devoirs.

Marie: Salut, Léo.

---

1 devenir werden – **2 faire la cuisine** kochen – **3 une émission** eine Sendung – **4 de qui** von wem –
5 une date ein Datum, ein Zeitpunkt – **6 une chanteuse** eine Sängerin – **7 espérer** hoffen

b *Lies den Dialog noch einmal laut vor dich hin. Entscheide anschließend, ob die Sätze **vrai** oder **faux** sind. Kreuze die richtige Antwort an.*

	🙂 vrai	🙁 faux
1. La chanson que chante Marie s'appelle «Stars».	☐	☐
2. La chanson est d'Olivier et d'Anne.	☐	☐
3. Marie a chanté sa chanson devant le professeur de musique.	☐	☐
4. Marie et ses parents vont aller à Paris.	☐	☐
5. A Paris et à Toulouse, il y a les mêmes dates[1] de vacances.	☐	☐

4 *Beantworte die Fragen mit Hilfe der angegebenen Wörter. Ersetze dabei die farbig unterlegten Objekte durch Objektpronomen.*

> **le, la** und **l'** = direkte Objektpronomen
> **lui, leur** = indirekte Objektpronomen

1. Est-ce que vous allez tourner votre film en décembre?

   Oui, _____

2. Est-ce que tu as envoyé une lettre à ta copine?

   Non, _____

3. Est-ce que tu as téléphoné à Marie et à Olivier?

   _____ hier soir.

4. Est-ce que Paul a trouvé la solution?

   Bien sûr, _____

5. Quand est-ce que vous allez montrer les vieilles rues de la ville à nos correspondants?

   _____,

   demain après le collège.

5 *Ergänze mit **tout**, **toute**, **tous** oder **toutes**.*

1. _____ la journée

2. _____ les chambres

3. _____ les élèves

4. _____ le monde

1 les mêmes dates *hier:* dieselbe Zeit

1 Finde die passenden Wörter und trage sie in das Kreuzworträtsel ein.

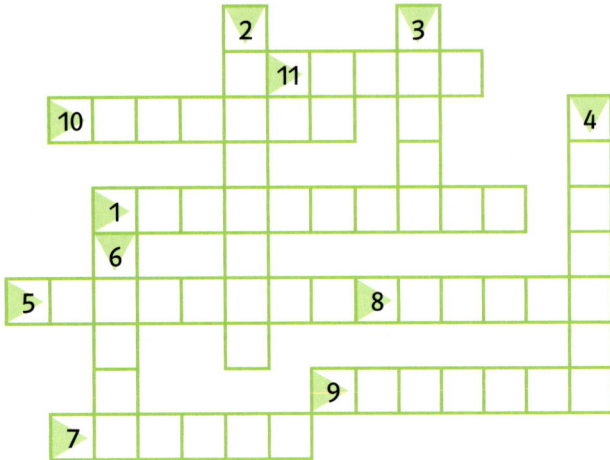

1. J'ai acheté des étagères. Je ne suis pas bricoleur[1]. Alors mon frère doit les **?** .
2. Un SMS, c'est un **?** . Et moi, je reçois beaucoup de SMS sur mon portable.
3. «Tous les élèves de ma classe sont malades», dit Fabien. Je suis donc[2] **?** dans la classe.
4. Il faut travailler pour **?** de l'argent.

5. «Je travaille trop», dit Léo. Il ajoute: «J'ai trop de devoirs. Je dors mal: je suis donc **?** .»

6. A mon **?** , tu es fatigué, parce que tu travailles trop!
7. On monte sur une **?** quand on fait du théâtre[3].
8. On regarde un film sur un **?** .
9. Quand tu fais un devoir, tu ne dois pas **?** sur ton voisin.
10. – Est-ce que tu veux aller au cinéma?
    – Je viens avec toi. Mais je dois d'abord demander de l' **?** à mes parents.

11. Je vais travailler dans une entreprise[4] allemande. Mais avant, je dois passer un **?** en allemand.

---

1 un bricoleur ein Bastler – 2 donc also – 3 faire du théâtre Theater spielen – 4 une entreprise eine Firma, ein Unternehmen

2

*Schau dir die Bildgeschichte an. Ordne die Sätze den passenden Bildern zu und trage die entsprechende Ziffer des Satzes in das jeweilige Kästchen ein. Schreibe anschließend die Geschichte in der Vergangenheit auf, indem du die Sätze ins **Passé composé** setzt.*

a. Tout d'abord, mon groupe préféré entre sur scène et il joue mes morceaux[1] préférés!

b. Alors les musiciens font de la musique sans la chanteuse.

c. Tout à coup, je monte sur scène.

d. Puis, j'attends cinq, dix minutes.

e. Enfin, je rentre chez moi.

f. Et je chante, je chante, je chante! Les gens applaudissent beaucoup.

g. Tout à coup, la chanteuse perd sa voix[2].

h. Aujourd'hui, je vais à la Fête de la musique.

Hier _____

_____

_____

_____

_____

_____

_____

---

1 un morceau *hier:* ein Musikstück – **2 la voix** die Stimme

3 *Setze die Sätze in die indirekte Rede.*

1. Marie explique: «Je répète ma scène».

   Marie explique qu' _____

2. Léo dit à Anne: «Tes copains sont cools, mais je préfère partir en vacances
   avec ma famille.»

   _____

   _____

3. Léo veut savoir: «Est-ce que les filles sont en retard?»

   _____

4. Marie demande à Léo: «Est-ce que tu écris un e-mail à tes grands-parents.»

   _____

 4 *Wandle die Sätze in Befehle um. Je nachdem,
ob der Aussagesatz verneint ist oder nicht, muss
auch der Befehl verneint werden oder auch nicht.
Verwende außerdem ein Pronomen anstelle der
farbig unterlegten Satzteile.*

> Alles ist ganz einfach!
> Beim bejahten Imperativ
> steht das Pronomen hinter
> dem Verb und wird mit
> Bindestrich angehängt.
> Beim verneinten Imperativ
> steht das Pronomen vor
> dem konjugierten Verb.

Beispiele: Tu téléphones à Léo.   Tu ne téléphones pas à Léo.
            Téléphone-lui.   Ne lui téléphone pas.

1. Tu ne donnes pas ton avis aux professeurs.

   _____

2. Vous cherchez le cadeau?

   _____

3. Tu envoies un e-mail à papi et à mamie.

   _____

4. Vous n'appelez pas vos amis.

   _____

1 *Finde die passenden Wörter und trage sie in das Kreuzworträtsel ein.*

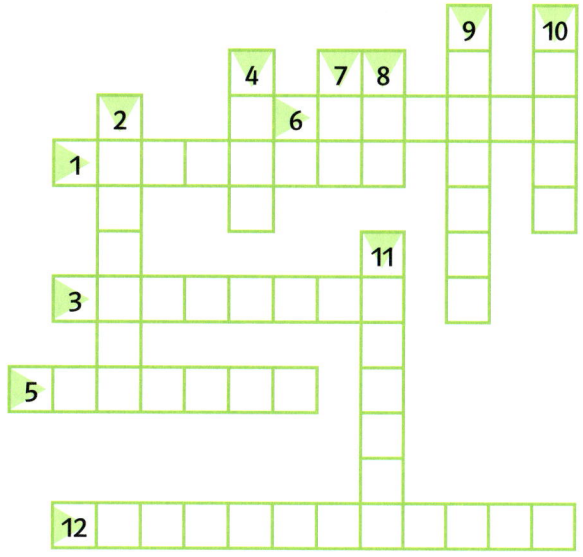

1. Ton gâteau au chocolat est délicieux. J'ai très envie de le faire. Est-ce que tu peux me donner la **?** ?
2. Le soir, je dois **?** ma chambre … et je n'aime pas ça!
3. Il y a 1000 **?** dans un kilo.
4. Je mets du **?** sur mes frites!
5. **?** , c'est une couleur et un fruit.
6. Avant le plat principal, dans un menu, il y a une **?** .
7. Le mot «und» en allemand, c'est **?** en français.
8. **?** … personne
9. On fait les **?** avec des pommes de terre.
10. Dans un **?** , il y a souvent une entrée, un plat principal et un dessert.
11. La **?** est verte! Je la mange en entrée ou après le plat principal.
12. Les pommes de terre sont très, très, très bonnes. Elles sont **?** .

 2 *Verbinde die französischen Sätze mit ihren deutschen Entsprechungen und den dazu passenden Bildern mit einem Pfeil. Verwende verschiedene Farben.*

1. Il nous faut encore du lait.
2. Il lui faut boire de l'eau.
3. Il ne faut pas manger trop.
4. Pour faire ce gâteau, il faut de la farine.

a. Um diesen Kuchen zu backen, benötigt man Mehl.
b. Wir brauchen noch Milch.
c. Man darf nicht zu viel essen.
d. Er muss Wasser trinken.

I   II   III   IV

Léo isst und trinkt viel. Sieh dir an, welche Mengen er verschlingt! Notiere alles und verwende *du, de la* oder *des*. Fang so an: **Léo mange … / Léo boit …**

1.

_____

_____

2.

_____

_____

3.

_____

_____

4.

_____

_____

5.

_____

_____

6.

_____

_____

 Was antwortest du auf folgende Fragen? Kreuze die passenden Antworten an.

1. Tu as faim? Tu veux un peu de fromage?

a. ☐ Non, merci. Je n'ai plus soif.   b. ☐ Oui, j'en veux bien un peu.

2. Il y a de la salade de tomates. Tu aimes ça?

a. ☐ Oui, j'aime bien ça.   b. ☐ Non, il me faut encore de la farine.

3. Bonjour mademoiselle. Vous désirez?

a. ☐ C'est à moi.   b. ☐ Bonjour, je voudrais deux kilos d'oranges.

5 *Die Menükarte ist fehlerhaft. Streiche die Gerichte, die keine sind, durch. Außerdem sind einige Gänge falsch eingeordnet. Markiere sie farbig und notiere sie beim richtigen Gang.*

Menu

Les entrées

Salade de tomates
Gâteau au chocolat
Salade «maison»

_____

_____

Les plats [1]

Canard à l'orange
192 grammes de farine
Salade de pommes de terre
2 kilos de frites
Gratin de nouilles

_____

_____

Les desserts

Cassoulet «maison»
100 grammes de beurre
Salade de fruits
Glace

_____

_____

 6 *Beantworte die Fragen. Ersetze in der Antwort die farbig unterlegten Satzteile mit **en** und verwende die angegebenen Verneinungen.*

1. Est-ce qu'il y a encore du gâteau au chocolat ?

(ne … plus) *Non,*_____

2. Est-ce que ton frère prend du jus d'orange ?

(ne … jamais) *Non,*_____

3. Est-ce que tu as parlé de cette BD à quelqu'un?

(ne … personne) *Non,*_____

4. Est-ce que tu as mangé de la glace aujourd'hui?

(ne … pas) *Non,*_____

5. Est-ce que vous allez prendre du sucre ?

(ne … pas) *Non,*_____

Est-ce que vous voulez encore **de l'eau**.

Non, nous n'**en** voulons pas. Nous **en** avons assez.

_____
1 le plat das Gericht *hier:* das Hauptgericht

Sac à dos 7

1 Vervollständige die Sätze und schreibe die gesuchten Wörter in die Kästchen.
Trage anschließend die Buchstaben, deren Kästchen rosa sind und unter denen eine Ziffer steht, in die entsprechenden Kästchen des Lösungssatzes ein.
Zum Beispiel: Steht unter einem Kästchen die Ziffer 1, so musst du diesen Buchstaben in dem Kästchen über der Ziffer 1 des Lösungssatzes notieren.

1. Les samedis et dimanches, je ne travaille pas: c'est le ☐☐☐☐☐ – ☐☐☐ .
   (3 4 5 6   7 8 9)

2. J'adore me promener dans la ☐☐☐☐☐☐ .
   (2   12)

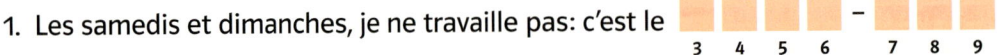

   Là, les maisons sont souvent des ☐☐☐☐☐☐☐ .
   (11 14   13)

3. Nous ne connaissons pas les Pyrénées. C'est donc un ☐☐☐☐ qui nous conduit sur les chemins de montagne.
   (1   15)

4. Léo est malade, alors sa mère

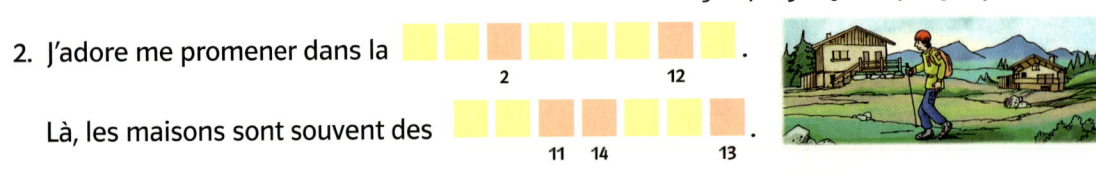

   appelle le ☐☐☐☐☐☐☐ .
   (10   19)

5. Tu viens de te casser[1] une jambe.

   Il faut appeler une ☐☐☐☐☐☐☐☐☐ .
   (25 26)

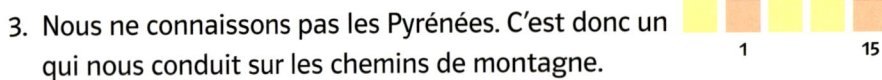

6. Il y a un orage: on voit des ☐☐☐☐☐☐ et on entend
   (19   27)

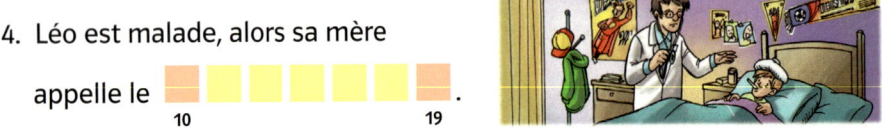

   le ☐☐☐☐☐☐ . Il y a aussi beaucoup de ☐☐☐ .
   (20 21)   (28)

7. Aujourd'hui, il va avoir de la ☐☐☐☐☐ à Paris.
   (23)

   Je prends donc[2] mon ☐☐☐☐☐☐☐ .
   (33 31 30 32)

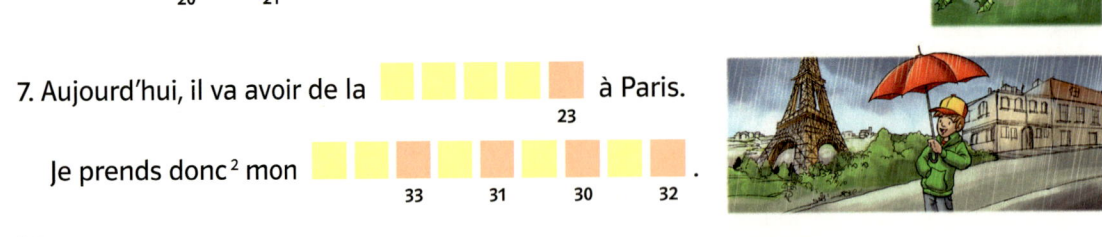

Lösungssatz:

☐☐ ☐☐☐☐ – ☐☐☐ ☐☐☐☐ ☐☐ S
1 2   3 4 5 6   7 8 9   10 11 12 13   14 15 16

P y ☐ ☐ ☐ é ☐ s , ☐ ' ☐ ☐ ☐ s ☐ ☐ ☐ ☐ !
17 18 19 20 21 22 23 24   25 26 27 28   29 30 31 32 33

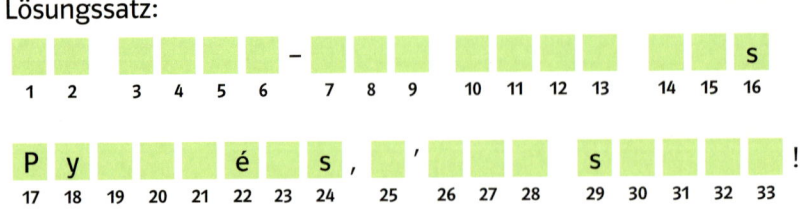

---

1 se casser sich brechen – **2 donc** also

2 Ergänze die Sätze mit der korrekten Form der reflexiven Verben, die in den Klammern stehen. Notiere die passende Verbform im **Passé composé**.

> Das **Passé composé** der reflexiven Verben wird mit **être** + **Participe passé** gebildet. Das **Participe passé** wird in Genus und Numerus meist an das Subjekt des Satzes angeglichen.

1. Marie a eu une mauvaise note en allemand,

   alors elle _____ (se cacher) sous son lit!

2. Marie et Julien _____ (se disputer) chaque jour.

3. Julien _____ (s'amuser) avec ses copains.

4. La voiture de notre grand-père _____ (s'éloigner).

5. Dimanche, Marie _____ (se lever) à 10 heures,

   puis elle _____ (se promener) avec ses parents dans le parc.

6. Qu'est-ce qui _____ (se passer)? Tu pleures?

3 Fleur möchte ins Kino „Le Toulouse" gehen, weiß aber den Weg dorthin nicht. Sie fragt eine Frau nach dem Weg. Vervollständige die Wegbeschreibung der Frau. Die Abbildungen helfen dir dabei.

Fleur: Pardon, madame, comment est-ce que je vais au cinéma «Le Toulouse»?
La dame: Oh! Ce n'est pas tout près, jeune fille.

Vous devez d'abord   *faire demi-tour* _____.

Ensuite, vous allez   _____.

Vous marchez pendant 200 mètres. Là, vous arrivez devant un collège.

Vous tournez   _____, puis vous prenez la première

rue   _____. Vous la suivez pendant 600, 700 mètres,

jusqu'au supermarché. Là, vous   _____ la rue.

Puis vous allez   _____ jusqu'au

_____. Vous êtes arrivée.

Fleur: Merci beaucoup, madame.

4 *Welche Antwort passt zu welcher Frage? Notiere den entsprechenden Buchstaben.*

1. Tu as appelé qui, cette nuit?
2. Quand est-ce que vous partez en vacances?
3. Qu'est-ce que tu fais samedi matin?
4. A quelle heure est-ce que vous allez à la Fête de la musique?
5. A qui est-ce que tu as donné rendez-vous[1]?
6. Où est-ce que vous construisez votre maison?

a. Nous allons à 18 heures à la fête.
b. Mes devoirs.
c. Nous partons au mois de juillet.
d. A Fabien.
e. Nous allons la construire à dix kilomètres de Toulouse.
f. Mamie.

1. ⬜ 2. ⬜ 3. ⬜ 4. ⬜ 5. ⬜ 6. ⬜

 5 *Hervorhebungen sind wichtig! Beantworte die Fragen mit Hilfe der Angaben in den farbig unterlegten Kästchen. Fange so an:* **C'est … qui/que …, Ce sont … qui/que …**

Beispiel: Qui est-ce qui s'est levé cette nuit? → mamie
            C'est mamie qui s'est levée cette nuit.

1. A qui est-ce que tu téléphones? → Marie et Julien

_____

2. Qui est-ce qui s'est caché dans la forêt? → les élèves

_____

3. Qui est-ce qui a appelé Marie ce matin[2]? → moi

_____

4. A qui est-ce que tu as envoyé un SMS? → papa et maman

_____

5. Est-ce que Marie et Julien se disputent tout le temps ? → eux

_____

_____
1 donner (un) rendez-vous à qn mit jdm. einen Termin ausmachen – **2 ce matin** heute Morgen

1 *Finde das magische Wort! Vervollständige die Sätze und trage das gesuchte Wort in die Kästchen ein. In jedem Wort befindet sich ein magischer Buchstabe, der lila unterlegt ist. Trage nun die Buchstaben der lila unterlegten Kästchen der Reihenfolge nach in die Sternchen ein und entdecke so das magische Wort.*

1. La guitare électrique et le saxophone[1] sont des

   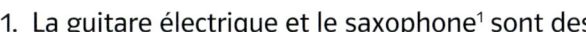
   1

2. Je n'aime pas faire mes courses au marché. Je préfère les faire au

   2

3. Un SMS, c'est un ☐☐☐☐☐☐☐ qui arrive sur un portable.
   3

4. C'est ton anniversaire, alors je t' ☐☐☐☐☐☐ des chocolats.
   4

5. Mes parents travaillent beaucoup, et ils dorment peu:

   ils sont très ☐☐☐☐☐☐☐.
   5

2 *Wandle die Sätze in Befehle um und verwende die passende Imperativform. Je nachdem, ob der Aussagesatz verneint ist oder nicht, muss auch der Befehl verneint werden oder auch nicht. Verwende außerdem ein Pronomen anstelle der farbig unterlegten Satzteile.*

Beispiele: Tu dois téléphoner à Léo .   Tu ne dois pas téléphoner à Léo .
               Téléphone-lui.   Ne lui téléphone pas.

1. Vous ne devez pas répéter la scène .

   _____

2. Tu dois téléphoner à Léa ce soir.

   _____

3. Tu dois envoyer une carte postale à tes parents .

   _____

———
1 un saxophone ein Saxophon

3 Teste dein Wissen. Lies jeden Satz durch und kreuze an,
ob die Aussage richtig oder falsch ist.

	vrai 🙂	faux 🙁
1. La Fête de la musique, c'est, chaque année, le 21 juin.	☐	☐
2. Le 21 juin, c'est le premier jour de l'hiver.	☐	☐
3. La Place du Capitole est à Paris.	☐	☐
4. Edith Piaf a été une star.	☐	☐
5. Tu es né(e) en 1769.	☐	☐

4 Ergänze den Dialog mit der passenden Form des Verbs **croire**.

Amélie, la cousine de Léo qui habite dans la même rue que[1] Léo,
va déménager à Toulouse. Amélie parle avec sa mère.

Amélie: Est-ce que tu _____ que papa va trouver du travail
à Toulouse?

La maman: Oui. Je le _____ .

Amélie: Vous _____ que la ville de Toulouse va nous plaire?

La maman: Oui. Ton père et moi, nous le _____ .

Amélie: Mes copains ne _____ pas
que nous allons déménager à Toulouse.

La maman: Pourquoi?

Amélie: Ils pensent que nous aimons trop Paris.

La maman: On peut aimer la capitale et on peut aimer Toulouse.

Amélie: Léo _____ que
ce n'est pas possible[2].
Toi, tu dis que c'est possible.

Alors qui _____ ?

Moi, j'ai envie de _____
qu'on va toujours rester dans notre quartier,
parce que c'est trop triste de le quitter,
et parce que c'est trop triste de quitter ses amis …

––––––––––
1 que *hier:* wie – **2 possible** möglich

5 **a** *Setze die Sätze in die indirekte Rede.*

Du musst bei der indirekten Rede und bei der indirekten Frage auf die Umformung der Pronomen, Verbformen und Possessivbegleiter achten.

1. Amélie explique: «Je répète ma scène.»

_____

2. Marie et son amie croient: «Nous allons bien chanter à la Fête de la musique.»

_____

3. Léo dit à Félix: «Tes copains sont cools, mais je préfère partir en vacances avec ma famille.»

_____

_____

4. Julien raconte: «J'ai rangé ma chambre.»

_____

b *Setze die folgenden Fragen in die indirekte Frage und verwende dabei si, pourquoi, comment oder où.*

1. «Est-ce que tu aimes le jazz?»

   Le professeur demande à Marie _____

2. «Pourquoi est-ce que tu es fatiguée?»

   Le professeur demande à Marie _____

3. «Où est-ce que tu habites?»

   Le professeur demande à Marie _____

4. «Comment est-ce que ton correspondant allemand s'appelle?»

   Le professeur demande à Marie _____

   _____

1 *Lösungswort gesucht! Errate die gesuchten Wörter und trage sie in das Kreuzworträtsel ein. Wenn du alles richtig notiert hast, findest du das Lösungswort in der farbig unterlegten Spalte.*

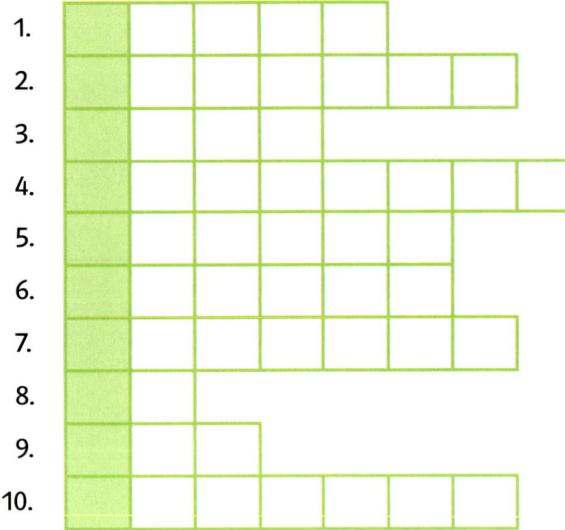

1. En Algérie, on parle l'**?**, et aussi le français.
2. Je veux **?** journaliste. C'est le seul métier qui m'intéresse.
3. Au pluriel, on dit „les yeux". Mais au singulier, qu'est-ce qu'on dit?
4. Je ne vois plus rien: je dois porter des **?**.
5. Mon copain a fait un **?** sur l'histoire de l'Algérie.
6. 2011, c'est le 21ᵉ **?**.
7. J'adore les filles qui ont les **?** blonds!
8. Le jeune homme a collé une affiche de son groupe **?** face du lycée.
9. Mes parents sont **?** en Algérie. Mes frères et moi, en France.
10. Moi, j'adore les garçons qui ne parlent pas trop. J'adore les garçons qui sont **?**.

2 *In der Wolke befinden sich verschiedene Verbformen. Fast alle sind **Imparfait**-Formen bis auf zwei. Die beiden Eindringlinge haben in der Wolke nichts zu suchen! Streiche sie einfach durch!*

3 Bilde Sätze im **Présent** und verwende den Komparativ. Formuliere die Sätze entsprechend der Symbole: ▲ = plus, ▼ = moins, ◆ = aussi. Achte auf die korrekte Form der Adjektive.

1. | Anne | être | sympa ◆ | Léo |

_____

2. | La ville de Paris | être | grand ▲ | la ville de Toulouse |

_____

3. | Marie | être | jeune ▼ | Julien |

_____

4. | Manon | faire | des | bon ▲ | gâteaux | sa sœur |

_____

4 Vervollständige die Sätze mit dem entsprechenden Superlativ. Wähle dafür das passende Adjektiv aus dem Kasten aus.

> Superlative, wohin man schaut! Je suis **la plus belle** souris du monde!

❶ beau ❷ bon ❸ génial ❹ intéressant ❺ mauvais

Léo: Je trouve que la tour Eiffel est ❶ _____ tour du monde[1].
La maman: Oui. Tu as raison[2].
Léo: J'adore la maman d'Anne.
La maman: Euh … Oui? Pourquoi?

Léo: Elle fait ❷ _____ gâteaux du monde.
La maman: Je n'ai pas le temps de te faire des gâteaux …
Léo: Tu peux faire autre chose …
La maman: Ah oui? Quoi?

Léo: Comme tu es ❸ _____ maman du monde, tu peux m'acheter
❹ _____ BD de la liste que je viens de faire …

La maman: Moi, j'ai fait la liste de tes ❺ _____ notes.
Il y en a beaucoup. Dis-moi: qu'est-ce qu'on fait?

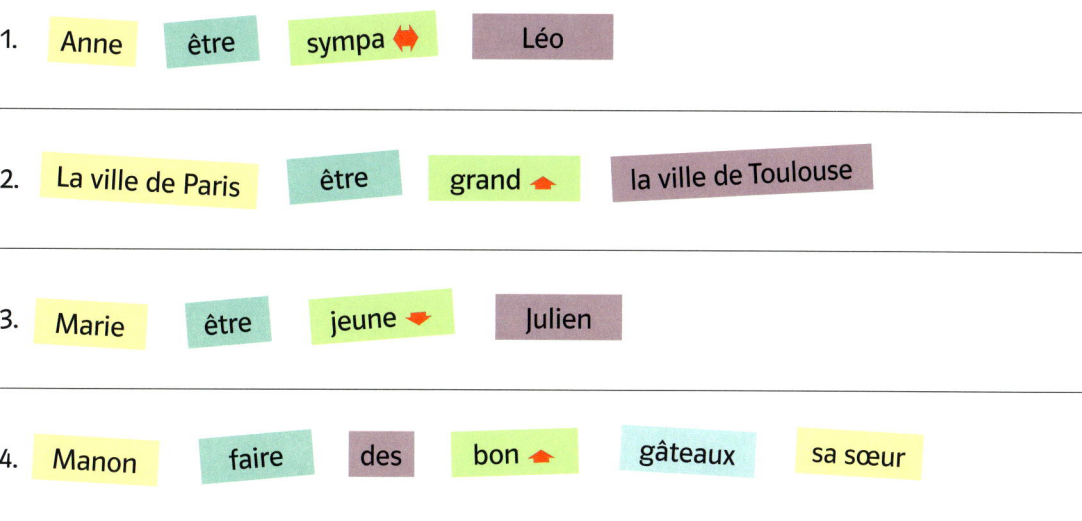

_____
1 le monde die Welt – **2 avoir raison** Recht haben

1 *Finde die passenden Wörter und trage sie in das Kreuzworträtsel ein.*
Wenn du alle Wörter korrekt eingetragen hast, kannst du herausfinden,
wie das Lösungswort in der farbig unterlegten Spalte lautet.

1. Regarde ces gros nuages noirs: on va avoir un **?** .
2. La **?** des Pyrénées est grande comme la Suisse.
3. J'ai très mal au ventre: je vais appeler le **?** .
4. Des **?** vivent dans les montagnes du sud de la France.
5. Le soleil se cache derrière les **?** .
6. Mes parents ont passé la **?** dans un chalet.

7. Mes deux jambes sont cassées: on m'a conduit à l'hôpital dans une **?** .
8. Il y a des gens qui ont peur des ours mais **?** n'avons pas peur des ours.
9. C'est un guide qui nous a **?** dans les Pyrénées.
10. Demain, je vais me lever **?** 6 heures et 7 heures.

2 *Welche Verbformen von* **conduire**, **construire** *und* **courir** *verstecken sich hinter dem Buchstabensalat? Notiere sie mit dem oder den passenden Personalpronomen.*

1. csontruisons _____

2. onzuisedc _____

3. ouenrct _____

4. csdonui _____

5. truoc _____

6. dcnoiuestn _____

3 Alain und Marco wandern in den Pyrenäen und unterhalten sich. Ergänze den Dialog mit der korrekten Form der angegebenen Verben im **Présent**.

Alain: A quelle heure est-ce que

tu _____ (se lever), le matin?

Marco: A six heures.

Alain: C'est tôt[1], quand on est en vacances.

Marco: C'est tôt, oui, mais comme ça, mes amis et moi, nous _____ (se promener) dans la montagne, quand il ne fait pas trop chaud. Et toi, à quelle heure

est-ce que tu _____ (se lever)?

Alain: A dix heures.

Marco: C'est tard.

Alain: Oui, mais avec mes amis, nous _____ (s'amuser) jusqu'à minuit.

Marco: Ah! Et tes parents ne disent rien?

Alain: Souvent, mes parents ne sont pas là. Depuis hier, par exemple,

ils _____ (se trouver) dans un chalet, dans la montagne.

Marco: C'est quoi, là, derrière les arbres?

Alain: Un ours! Dis … Qu'est-ce qu'on fait? On court?

On va _____ (se cacher)?

Marco: On ne court pas. On ne _____ (se cacher) pas. On ne bouge pas …

4 Lies die kleinen Dialoge laut vor dich hin und markiere das unverbundene Personalpronomen, das in den Antwortsatz passt.

C'est toi, Paul?

Non, moi, je suis Paulette. Paul, c'est lui.

1. – Marie, c'est ta copine?
   – Oui, ☐ elle / ☐ lui, c'est ma copine.

2. – Vos voisins, ce sont les Schlanstein?
   – Oui, ☐ elles / ☐ eux, ce sont les Schlanstein.

3. – Monsieur Boulay, c'est votre prof d'allemand?
   – Oui, ☐ lui / ☐ nous, c'est notre prof d'allemand.

_____
1 **tôt** früh

5 *Vervollständige das Gespräch zwischen Julien und dem Arzt im Krankenwagen mit den Dialogteilen. Notiere jeweils die Ziffer.*

1. Tu as une jambe cassée.

2. A l'hôpital, on va te mettre un plâtre.

3. A ma jambe. Je ne peux plus bouger¹ ma jambe.

4. Un accident? Comment? Raconte.

Julien: J'ai eu un accident, docteur.

Le docteur: _____

Julien: J'ai couru comme un fou et je suis tombé dans un trou.

Le docteur: Où est-ce que tu as mal²?

Julien: _____

Le docteur: Je vais voir ça.

Julien: Aïe! Ne mettez pas votre main sur ma jambe: ça fait trop mal³.

Le docteur: _____

Julien: Une jambe cassée? Quelle horreur!

Le docteur: Ce n'est pas trop grave. _____

6 *Lies die Fragen laut vor dich hin und markiere die passende Antwort.*

1. Comment est-ce que je vais au cinéma «Le Toulouse»?
   a. ☐ Excusez-moi, mademoiselle, je cherche le cinéma.
   b. ☐ Faites demi-tour, prenez la première rue à droite, marchez 100 mètres: vous êtes arrivé!

2. Qui est-ce qui t'a appelée cette nuit⁴?
   a. ☐ Mamie. Elle a eu très mal au ventre. Alors j'ai appelé le docteur.
   b. ☐ Au docteur.

3. A qui est-ce que tu as donné rendez-vous⁵?
   a. ☐ A Fabien.
   b. ☐ Fabien.

4. Où est-ce que vous construisez votre maison?
   a. ☐ Nous allons la construire à dix kilomètres de Toulouse.
   b. ☐ Ils vont la construire demain.

1 bouger bewegen – **2 avoir mal** Schmerzen haben – **3 faire mal** wehtun – **4 cette nuit** heute Nacht – **5 donner rendez-vous à qn** mit jdm. einen Termin ausmachen